中国传统文化引领高职生三创教育

李娜　付卉　著

云南美术出版社

图书在版编目(CIP)数据

中国传统文化引领高职生三创教育 / 李娜，付卉著
. — 昆明：云南美术出版社，2023.11
ISBN 978 - 7 - 5489 - 5493 - 4

Ⅰ. ①中… Ⅱ. ①李… ②付… Ⅲ. ①中华文化 - 作
用 - 高等职业教育 - 创造教育 - 研究 Ⅳ. ①G717.38

中国国家版本馆 CIP 数据核字(2023)第 210429 号

责任编辑：洪娜
责任校对：梁媛　李平　黎琳
装帧设计：张田田
封面设计：寓羽

中国传统文化引领高职生三创教育

李娜　付卉　著

出版发行：云南美术出版社(昆明市环城西路 609 号)
制版印刷：昆明德厚印刷包装有限公司
开　　本：787mm×1092mm　1/16
印　　张：6
字　　数：250 千字
版　　次：2023 年 11 月第 1 版
印　　次：2023 年 11 月第 1 次印刷
书　　号：ISBN 978 - 7 - 5489 - 5493 - 4
定　　价：45.00 元

前　言

中国传统文化是中华民族的瑰宝，它承载着中华民族的智慧、情感和价值观念。随着社会的发展，传统文化的价值也在不断被挖掘和发扬。在高职教育中，传统文化不仅是各种思想文化、观念形态的总体表征，更是一种引领高职生三创教育的重要力量。通过传统文化的引导，高职生们能够更好地认知事物发展的规律，并能从中汲取力量，挖掘新意，发展自己的能力，培养创新精神和创业意识，为未来的职业发展打下坚实的基础。

本书分别从中国传统文化与高职教育的基础知识入手，对高职创新教育、高职创业教育、高职创造教育等方面进行研究与讨论，并在此基础上深入探讨中国传统文学与高职三创教育实践、中国传统艺术与高职三创教育实践的关联。希望本书的介绍，能够为读者提供中国传统文化引领高职生三创教育研究方面的帮助。

在本书的写作过程中，笔者参阅了相关文献资料，在此，谨向其作者深表谢忱。

笔者水平有限，若有疏漏，还请广大读者批评指正。

作　者

2023 年 3 月

目　录

第一章　中国传统文化与高职教育 ……………………………………………… 1

　第一节　高职教育概述 ………………………………………………………… 1

　第二节　高职教育中的教学模式 ……………………………………………… 8

　第三节　中国传统文化与高职教育的关系 …………………………………… 13

第二章　高职创新教育 …………………………………………………………… 20

　第一节　创新教育概述 ………………………………………………………… 20

　第二节　高职创新教育的实践框架 …………………………………………… 25

第三章　高职创业教育 …………………………………………………………… 33

　第一节　创业教育概述 ………………………………………………………… 33

　第二节　创业教育的基本理论 ………………………………………………… 40

　第三节　高职创业教育实践 …………………………………………………… 46

第四章　高职创造教育 …………………………………………………………… 52

　第一节　创造教育概述 ………………………………………………………… 52

　第二节　创造教育在高职教育中的地位与作用 ……………………………… 59

　第三节　高职创造教育的目标和教学策略 …………………………………… 61

第五章　中国传统文学与高职三创教育实践 …………………………………… 68

　第一节　中国传统文学 ………………………………………………………… 68

　第二节　中国传统文学在高职三创教育中的应用 …………………………… 73

第六章　中国传统艺术与高职三创教育实践 …………………………………… 77

　第一节　中国传统音乐艺术 …………………………………………………… 77

　第二节　中国传统绘画艺术 …………………………………………………… 81

　第三节　中国传统艺术在高职三创教育中的应用 …………………………… 86

参考文献 …………………………………………………………………………… 90

第一章　中国传统文化与高职教育

第一节　高职教育概述

一、高职教育的定义和特点

（一）高职教育的定义

高职教育，即高等职业教育，是一种针对培养具备特定职业技能和职业素养的人才的教育形式。它注重培养学生的实践能力和职业技能，旨在使学生能够适应社会需求、适应职业发展，并具备职业成功所需的能力。

与传统的普通高等教育相比，高职教育更加注重技能培养和实践能力的发展。它与传统的学术教育有所不同，更加贴近职业需求和市场需求，关注实践、实用性和职业就业相关的能力培养。高职教育致力于培养适应现代产业和职业发展的高素质技术和技能型人才。

高职教育的课程设置和教学内容都紧密围绕特定的职业领域展开，注重培养学生实际操作技能和解决实际问题的能力。学生在学习过程中会接触到大量与所选择的职业相关的知识和技能。

高职教育非常重视实践环节，在教学中广泛采用实践教学和实习实训的方法。通过实践，学生可以将理论知识应用到实际工作中，培养实际操作能力和问题解决能力。

此外，高职教育还具有更加灵活的学制和多样化的培养方式。相比普通高等教育，高职教育的学制相对短，通常为 3 年或 4 年，更加便于学生尽早进入职场。同时，高职教育也提供了多种培养方式，如全日制、函授教育和继续教育等，满足不同学生的需求。

高职教育与普通高等教育也存在一些差异。高职教育更加注重职业技能的培养，而普通高等教育更加注重学术研究和理论知识的传授。

高职教育作为一种职业导向的教育形式，它致力于培养学生适应社会需求并具备职业成功所需的能力，为社会提供高素质技术和技能型人才。

（二）高职教育的主要特点

1. 注重职业能力培养

高职教育与普通高等教育侧重理论知识的传授不同，高职教育更加注重实践能力的培养，追求职业的技能与知识的结合。通过丰富的实践教学、实习实训等环节，高职教育帮助学生逐步掌握职业技能，并培养学生适应市场需求的就业能力。

2. 强调产学结合

为了使学生更好地适应就业市场的需求，高职教育与企业、行业密切合作，引入企业实践师资，开设专业技术实训基地等，让学生在实际工作环境中接触实际问题，提升解决问题的能力和实践能力。通过与企业的合作，高职教育可以更加贴近就业市场需求，培养符合社会实践的专业人才。

3. 具有灵活性和实用性

高职教育的专业设置相对灵活，能够根据市场需求和社会变化进行调整和更新，及时培养适应新兴行业和岗位需求的人才。高职教育的课程设置也更加贴近实际，注重将所学知识和技能应用于实践，以提升学生的综合素质和实际操作能力。因此，高职教育毕业生往往具有较强的职业适应能力。

4. 注重实用性和职业导向

高职教育的目标是培养能够立即参加工作的技术技能型人才，因此，高职教育的课程设置和教学内容注重技术、技能方面的知识传授，致力于培养具备实际操作技能和解决实际问题能力的毕业生。通过职业导向的课程设置和教学方式，高职教育使学生能够迅速适应工作岗位的要求，为社会经济发展提供了重要的技术支撑和人力资源。

（三）高职教育与普通高等教育的差异

高职教育和普通高等教育作为两种不同的教育类型，具有一定的差异性。

第一，高职教育注重培养学生的职业技能和实践能力，着重于应用型人才的培养。而普通高等教育更加注重学生的学术素养和理论研究能力，更偏向于培养学术型人才。

第二，高职教育的课程设置更加聚焦于具体的职业领域和技能培养。学生在高职教育阶段将主要学习与其所选择的专业相关的课程，通过实际操作和实践实习来提高实践技能。而普通高等教育则更加强调学科广度和深度，学生需要学习各个学科领域的基础知识和理论。

第三，高职教育和普通高等教育在教学方法上也存在差异。高职教育注重实践教学，采用更多的实验、实训、实习等方式进行教学，让学生能够充分掌握实际操作能力。而普通高等教育更加注重理论教学和学术研究，注重培养学生的分析、推理和解决问题的能力。

第四，高职教育和普通高等教育在学生群体上也有所不同。高职教育主要面向高中毕业生和职业学校毕业生，他们在高职教育阶段更多是为了获得实用的职业技能和就业能力。而普通高等教育主要面向高中毕业生，培养他们更深入的学术素养和研究能力，为未来的学术或研究生涯打下基础。

（四）高职教育的分类

根据职业需求和不同专业领域的特点，高职教育被划分为多个不同类型，以满足不同领域的职业需求和培养目标。接下来将介绍高职教育常见的分类方式，并对各类教育进行简要概述。

根据学科领域的不同，高职教育可以分为工科高职教育、商科高职教育、医科高职教育等。工科高职教育主要培养工程技术人员，涵盖机械、电子、电气、建筑等领域；商科高职教育注重培养商务管理和市场营销等方面的人才；医科高职教育致力于培养护理、医疗等专业人员，以满足医疗服务的需求。

高职教育还可以按照技术层次的不同进行分类。常见的分类方式有中等职业教育和高等职业教育。中等职业教育是培养技能型劳动者的一种教育形式，主要聚焦于技术技能的培养和实践能力的提升；高等职业教育则更加注重知识与实践的结合，培养应用型、创新型人才，提供更高层次的职业教育。

高职教育还可以根据培养目标的不同进行分类。例如，可以将高职教育分为就业导向型和创业导向型。就业导向型高职教育注重培养学生与就业市场需求相匹配的技能和能力，帮助学生顺利就业；创业导向型高职教育强调培养学生的创新精神和创业意识，鼓励他们自主创业、开拓市场。

二、高职教育的发展历程和现状

（一）高职教育的发展历程

高职教育经历了漫长而丰富的发展历程，呈现出多个阶段和重要里程碑。首先，在我国高职教育起步阶段，也就是20世纪五六十年代，高职教育起初是为了满足社会对高级专门技术人才的需求而设立的。当时，培养专门技术人才的职业学校开始兴起，如医学校、工艺学校等。这些学校以教授实践技能为主，为工农业生产培养了大量的实用型人才。

随着改革开放的推进，高职教育进入了扩张阶段。20世纪80年代后期，我国高职教育得到了重视和发展，新技术、新工艺和新产品的不断涌现对高级技术人才的需求日益增长。此时，为了满足多层次、多领域的人才需求，高职学校纷纷新增专业和拓宽招生范围，如计算机应用、机械制造、物流管理等专业的开设。高职教育也逐渐向多元化发展，培养了大批能够适应市场需求的技术技能型人才。

进入21世纪后，高职教育进入了提质增效的发展阶段。高职教育不仅注重实践技能的培养，更注重学生综合素质的培养和创新能力的培养。在政府的大力支持下，高职教育开始深入改革，不断完善教育教学模式和管理体制。教育教学内容逐渐紧密结合社会需求，增加了实践环节和创新性实验项目，提高了学生运用所学知识解决实际问题的能力。

在未来的发展中，高职教育需要进一步优化教育教学内容，提高师资水平，加强与产业、企业的合作，以适应经济发展和社会需求的变化。高职教育的发展将会持续推动我国经济社会的进步和发展。

（二）高职教育的现状

高职教育作为我国教育领域的重要组成部分，在过去几十年里取得了显著的发展，而我国高职教育的现状可以从多个角度进行分析。

首先，从办学规模来看，高职教育的发展呈现出持续扩大的趋势。随着我国经济的快速发展和社会需求的日益增长，高职教育的规模与日俱增。越来越多的学校开始开设高职专业，新的高职院校不断涌现，已有高职院校的专业设置也在不断调整和完善。

其次，从教学质量来看，高职教育质量呈现出不断提升的态势。高职院校注重实践教学，积极开展产学合作，与企业建立紧密的合作关系，为学生提供更好的实践机会。一些高职院校还引进国外先进的教学理念和技术手段，加强教学改革和创新，提高教学质量和学生的综合素质。

再次，从学生就业情况来看，高职教育毕业生就业呈现出稳定增长和社会认可度提升的特点。高职教育注重培养学生的实用技能和职业素养，使其能够适应社会的需求并胜任工作岗位。统计数据显示，高职院校的毕业生就业率较高，很多学生毕业即可顺利就业。

最后，从国际交流与合作方面来看，高职教育呈现出越来越积极开放的态势。我国的高职院校积极参与国际交流与合作，与许多国家和地区的高职院校开展了学术合作、学生交换等活动。这种开放与合作的态度有助于高职教育的国际化发展，并为学生提供更广阔的发展空间。

（三）高职教育的发展趋势

高职教育作为我国教育体系中的重要组成部分，其发展趋势受到社会经济、科技进步、职业需求等多方面的影响。当前，高职教育面临着许多挑战与机遇，需要不断适应社会发展的趋势。

从产业发展角度看，高职教育的发展趋势将紧密关联于经济结构的变化。随着信息技术、新能源等新兴产业的兴起，社会对于高素质技术技能人才的需求不断增加。高职教育将更加注重对专业技能的培养，提高学生的解决实际问题和应对复杂工作的能力。

随着科技进步的加速，高职教育的发展趋势将呈现出更多的移动化、智能化和虚拟化特点。移动互联网、大数据、云计算等新技术的应用将进一步改变高职教育的教学模式和内容，学生将更多地通过在线学习、远程实践等方式获取知识和技能。

高职教育的发展将在质量与效益上追求更高水平。高职院校将注重提高教学质量，推动专业建设和改革，提高教师的专业素养和实践经验。同时，高职教育将加强与企业合作，搭建实践基地和实习平台，提供更多真实的工作环境和机会，增强学生的实践能力和就业竞争力。

高职教育的发展还将注重人才培养与创新创业的结合。培养具备实践能力和创新创业精神的高素质技术技能人才已成为社会的迫切需求。高职教育将加强实践教育、创新实验等环节，激发学生的创造力和创新潜能，并为其提供创业支持和创业教育，培养更多的创业人才。

三、高职教育的目标

（一）培养目标

1. 培养学生的专业知识和技能

高职教育要使学生能够适应社会需求、适应职业发展，就必须使学生具备扎实的专业理论基础和实践技能，能够胜任具体职业岗位的工作要求。这要求高职教育要重视教师的专业素养和教学方法的创新，通过实验课程、实习实训等实践环节，培养学生的专业知识和技能。

2. 培养学生的创新能力和实践能力

现代社会对高职毕业生的要求越来越高，不仅要求他们具备扎实的专业知识，还要求他们具备创新的能力和实践的能力。因此，高职教育要注重培养学生的创新思维、实践能力和团队合作精神，通过一系列的项目实践、创新设计等活动，激发学生的创新潜力，提高他们的实践能力和创造力。

3. 培养学生的职业素养和社会责任感

高职教育不仅仅是为了学生的就业，还要培养学生的职业素养和社会责任感。在教学过程中，应该注重学生职业道德的培养，同时还应培养学生的社会责任感，使他们具备关心社会、服务社会的意识和行动能力。

4. 培养学生的终身学习的能力与发展潜力

随着社会的不断变化和发展，高职毕业生需要具备终身学习的能力，以适应职业发展的需要。高职教育应该注重培养学生的学习能力和自主学习的意识，鼓励学生不断学习专业知识，提升自己的综合素质，让他们具备适应各种职业发展机会的潜力。

总之，高职教育的培养目标是多元化、全面化的，在实践中，高职教育机构要根据国家政策和社会需求，灵活调整培养目标，为学生的发展提供更好的支持和保障。

（二）教学目标

制定高职教育的教学目标旨在指导和规范教学行为，明确学生需要掌握的知识、技能和能力。在高职教育中，教学目标的制定应充分考虑行业需求和学生的个人发展需求。

首先，教学目标要与行业需求保持紧密联系。高职教育的本质就是为行业培养专门人才，因此教学目标必须明确与所属行业的职业需求相契合。我们要通过广泛调研和与行业合作，了解行业对人才的需求，将这些需求纳入到教学目标的制定中。

其次，教学目标要与学生个人发展需求相结合。高职教育不仅要培养学生的职业技能，还要注重个人的全面发展。教学目标需要兼顾学生的专业素养和个人素质的提升。

再次，教学目标还要注重学生的核心素养培养。随着社会的发展和职业环境的变化，单一的专业技能已经无法满足就业与发展的需求，学生需要具备更为广泛的知识和能力。因此，在教学目标的制定中，我们要注重培养学生的自主学习能力、团队协作能力、跨文化沟通能力等核心素养，以适应未来多样化的职业环境。

最后，教学目标的制定应体现层级性和渐进性。教学目标可以分为短期目标和长期目标，通过逐层深化和持续培养，使学生在不同阶段逐步达成目标。例如，初级阶段的教学目标可能侧重于基础知识的掌握和基本技能的培养，而高级阶段的教学目标则更加注重专业深化和实际应用能力的提升。

（三）素质教育目标

在高职教育中，素质教育目标的制定旨在培养学生全面发展的能力和品质，不仅注重学科知识的传授，更强调学生的综合素质的培养。素质教育目标的实现是高职教育发展的重要任务之一。

高职教育的素质教育目标包含了社会责任感的培养。高职教育的目标之一是使学生具备爱国热情、社会责任感等良好的品德和道德观念。通过开设相关的课程，高职教育机构可以引导学生认识社会现实，了解自身在社会中的角色与责任，并通过实践活动培养学生的社会责任感，使学生成为具有社会意识、社会责任感的优秀公民。

高职教育的素质教育目标还有培养学生的团队合作能力和人际交往能力。高职教育可以通过小组讨论、项目合作等形式，培养学生的团队合作能力。同时，注重培养学生的人际交往能力，培养学生的沟通能力、合作能力，使学生具备良好的人际关系处理能力。

四、高职教育的意义

（一）对个人的意义

高职教育对个人具有重要的意义。首先，高职教育为个人提供了获得实用技能和专业知识的机会。通过高职教育，个人可以接受与职业相关的培训，掌握实际操作技能，提高就业竞争力。在当今竞争激烈的就业市场中，拥有高职教育背景的个人比较容易获得就业机会。

其次，高职教育还可以帮助个人实现个人发展和自我实现的目标。通过接受高职教育，个人可以深入自己感兴趣的领域，发掘自己的潜力，不断提升自己的专业能力和综合素质。高职教育为个人提供了广阔的发展空间，让他们能够在自己喜欢的领域中取得更好的发展和成就。

再次，高职教育还可以帮助个人获得社会认可。拥有高职教育背景的个人具备了专业知识和技能，能够为社会做出积极的贡献，也更容易获得社会认可和赞誉。高职教育培养了一批批优秀的高技能人才，他们在工作岗位上表现出色，成为社会的中坚力量。

最后，高职教育对个人的意义还体现在个人发展的全面性上。高职教育注重培养学生的专业技能，同时也注重培养学生的综合素质和创新能力。这种全面的发展使得个人在职业生涯中能够适应不断变化的环境和需求，具备解决实际问题的能力和思维方式。高职教育所提供的多方面支持和培养，使得个人能够更好地应对挑战并取得成功。

（二）对社会的意义

高职教育作为一种重要的教育形式，对社会发展有着重要意义。它对社会的意义体现在以下几个方面。

高职教育满足了社会对高素质专业人才的需求。作为技能型教育的一种重要分支，高职教育着重培养学生实际操作能力和职业技能。随着社会经济的快速发展和产业结构的不断升级，对各个领域的高素质技能人才需求日益增长。高职教育通过提供实践性的教学内容、培养学生的专门技能，能够更好地满足社会对各个行业的专业人才需求，为社会提供了源源不断的技能型劳动力。

高职教育推动社会进步。高职教育注重学生的职业素养和职业道德的培养，通过开展实践性的教学和职业实训，使学生能够更好地适应社会的职业环境、社会规范和职业道德要求。这种培养方式不仅能够为学生提供发展的机会，也为社会的经济和文化进步提供了助力。高职毕业生能够在实践中快速成长并融入职业领域，提升自身社会地位，并为社会的科技进步、创新发展和职业结构调整做出积极贡献。

高职教育推动了职业教育的改革与创新。高职教育作为职业教育体系中的重要组成部分，其发展和进步不仅影响高等教育的发展，也对职业教育的改革具有示范和引领作用。高职教育的不断创新和优化，推动了职业教育的多样化发展，丰富了职业教育的课程设置和培养模式，提升了整个职业教育体系的质量和水平。

（三）对国家的意义

高职教育作为培养应用型人才的重要途径，对国家的发展和进步具有重要的意义。

高职教育能够满足国家对于技术技能型人才的需求。如今，随着科技的不断进步和产业结构的升级，国家对于技能型人才的需求越来越大。高职教育注重培养学生的实践能力和职业技能，使得毕业生具备与时俱进的专业知识和实际操作能力，能够迅速适应技术变革和市场需求，为国家各行业提供稳定且优质的技术人才储备。

高职教育对于国家的经济发展具有重要促进作用。高职教育培养的应用型人才能够适应经济发展的需求，为国家的各个领域输送技术人才。他们具备扎实的专业知识与实践能力，并能够将其运用于实践中，推动产业的创新与发展。尤其是在当前的科技创新和产业转型升级的背景下，高职教育毕业生的专业优势能够为国家提供技术支撑和创新动力，进而推动经济实力的提升。

高职教育对于国家的稳定与和谐发展具有积极的意义。作为职业教育的重要组成部分，高职教育使学生具备扎实的专业素养和良好的职业道德，注重培养学生的社会责任感和团队合作能力。这些素质使得高职毕业生能够更好地融入社会，为社会稳定和和谐发展做出贡献。

总之，高职教育对于国家的意义不可忽视。它能够满足国家对技术人才的需求，推动经济发展，促进社会稳定与和谐发展。在未来，我们需要进一步发展高职教育，提高教育质量与优化教育资源的配置，为国家的可持续发展提供坚实的人才支持。

第二节　高职教育中的教学模式

一、翻转课堂教学模式

（一）翻转课堂的定义与特点

翻转课堂是一种新的教学模式，它打破了传统课堂中教师授课学生听讲的模式，将学生作为学习的主体，提倡学生在课堂外通过预习视频、阅读材料等方式获取相关知识，课堂上则主要进行讨论、实践、案例分析等互动式学习活动。

翻转课堂的特点有以下几个方面。第一，它重视学生自主学习和在课堂中的积极参与。通过学生自主学习和课堂互动，增强了学生的学习兴趣和积极性，培养了学生的自学能力和合作精神。第二，翻转课堂强调学生的能力培养和实践能力的锻炼。在课堂上，学生进行真实案例分析和实验，运用所学知识解决实际问题，培养他们的实践能力和创新思维。第三，翻转课堂提倡学科交叉与多元化学习。通过跨学科的教学设计和多元化的学习体验，学生能够全面发展并应用多个学科的知识和技能。第四，翻转课堂倡导个性化教育和差异化教学。学生可以按照自身的学习需求和学习节奏进行学习，教师在课堂上可以根据学生的学习情况进行个别辅导和指导。

（二）翻转课堂在高职教育中的应用现状

翻转课堂教育模式作为一种新型的教学模式，在高职教育中得到了广泛的应用。在这种教学模式下，学生在课堂之外预习知识内容，通过观看在线视频、阅读教材等方式，能较好地理解和掌握基础知识。

随着技术的进步和互联网的普及，越来越多的高职院校开始尝试翻转课堂教学模式。教师们通过录制微课、制作教学视频等方式，为学生提供了丰富的学习资源。学生可以根据自己的学习进度和兴趣自主选择观看课程内容。这种自主学习的方式，使得学生的学习主动性得到了极大的提高。

同时，翻转课堂教育模式还鼓励学生积极参与课堂讨论和互动。在传统的教学模式下，学生往往是被动地接受知识，而在翻转课堂中，学生可以更加主动地参与到课堂讨论中，提出问题，与教师和其他同学进行思想碰撞，共同探讨问题。这种互动的学习方式有助于激发学生的学习兴趣，提高他们的学习动力。

然而，翻转课堂教育模式也面临着一些挑战。首先，教师需要具备相应的教学技能和教育理念。他们需要灵活运用各类教学资源和工具，设计并组织具有针对性和有效性的学习活动，并且制作教学视频和微课，这些都需要教师投入大量的时间和精力。这对于一些教师而言可能是一种负担。其次，学生的学习习惯和学习态度也需要适应翻转课堂的要求。他们需要具备自主学习和合作学习的能力，同时，也需要有持之以恒的学习动力和积极的学习态度。学生在自主学习过程中可能面临学习难度的挑战，需要具备较强的自主学习能力和管理能力。再次，教师需要承担更多的指导和辅导工作，尤其是在课堂讨论和互动的过程中，需要及时给予学生指导和反馈。最后，翻转课堂的实施需要教学设备和技术支持的配套。学校应当提供良好的教育技术环境和教学设备，确保教师和学生能够顺利开展翻转课堂的教学活动。

（三）翻转课堂教学模式的优势

翻转课堂教学模式作为一种创新的教学方式，在高职教育中取得了显著的应用效果。它以学生主导学习为核心，通过课前预习、课堂互动和课后巩固等环节，改变了传统教学模式，使学生在课堂上能更加主动地参与进来。

翻转课堂教学模式的最大优势在于激发学生的学习兴趣和积极性。传统教学方式下，学生往往只能被动地接受教师的灌输式教学，容易产生学习疲劳和缺乏兴趣的问题。而翻转课堂模式中，学生在课前进行预习和自主学习，在课堂上能更积极地参与讨论和合作，提高了学习的主动性和参与度，激发了学生的学习兴趣。

翻转课堂教学模式能够有效提高学生的学习效果和能力水平。传统课堂教学中，教师通常只能在有限的时间内传授知识，往往无法满足每个学生的学习需求。而翻转课堂模式充分利用了课前预习和自主学习的时间，让学生有更多机会进行深入思考、自主学习和探索。通过教师的指导、与同学的互动，学生能够更好地理解和应用知识，提升学习的效果和自身能力水平。

二、高职微课教学模式

（一）微课的定义与特点

微课是一种以短视频为基本形式的教学模式，其特点主要体现在以下几个方面。

第一，微课的时长通常较短，一般控制在 5～15 分钟。与传统的长时间课堂相比，微课通过精练的内容、紧凑的形式呈现，使学习者学习时能够更加集中精力，提高学习效率。

第二，微课注重学习资源的个性化和定制化。教师可以根据学习者的需求，为不同层次、不同能力的学生提供个性化的学习资源，满足他们的学习需求。

第三，微课借助多媒体技术，丰富教学内容的呈现形式。通过图文并茂、动画演示等形式，微课能够更加生动直观地展现教学内容，激发学生的兴趣，提高教学效果。

第四，微课还具有灵活性和便捷性。学生可以随时随地通过手机、平板电脑等设备学习微课，不受时间和空间的限制。同时，教师也可以随时随地进行微课的录制和发布，提高教学的灵活性和效率。

综上所述，微课作为一种新的教学模式，在高职教育中具有诸多特点和优势。而随之而来的挑战包括教师素质的提升、教学资源的开发与管理等。因此，在推广和应用微课教学模式时，需要相关部门和教师共同努力，以更好地发挥微课的优势，推动高职教育的创新与改革。

（二）微课在高职教育中的应用现状

微课作为一种新兴的教育模式，正在高职教育中得到广泛的应用。具体来说，微课在高职教育中的应用现状可以从多个方面进行分析。

微课在高职教育中的应用受到了广大教师和学生的欢迎。微课的特点之一是具有灵活性，学生可以根据自己的学习进度和时间安排进行学习。在高职教育中，学生通常需要进行实习或实训，时间相对较为紧张。因此，微课的灵活性为学生提供了极大的便利，使他们能够在有限的时间内随时随地进行学习。

微课在高职教育中的应用为学生提供了更多样化的学习资源。传统的教学中模式通常用的是有限的教材和课本，学生的学习资源相对有限。而微课的应用则可以通过多样化的教学设计和丰富的学习资源为学生提供更多元化的学习内容。学生可以通过观看微课视频、参与在线讨论和完成互动练习等方式进行学习，这不仅提高了学生的学习兴趣，而且拓宽了他们的知识视野。

微课在高职教育中的应用有利于培养学生的自主学习能力。微课作为一种自主学习的工具，鼓励学生主动思考和探索。学生可以根据自己的学习需求和兴趣进行选择和学习，培养了学生的学习能力和自主思考能力。此外，微课还提供了多样的学习资源和辅助功能，例如在线讨论、课后习题等，帮助学生巩固和扩展知识，培养学生的学习自觉性和学习能力。

然而，微课在高职教育中的应用也面临一些挑战。首先，要保证微课内容的质量和准确性，需要教师具备一定的教学设计和制作能力，这对于一些教师来说可能是一项较大的挑战。其次，微课的使用需要学生具备一定的技术能力和学习自觉性，而不是简单地依赖于视频的观看。因此，高职教育机构需要加强对学生的培训和指导，帮助他们更好地使用微课进行学习。

综上所述，微课在高职教育中的应用已经取得了显著的成效，并且受到了广大教师和学生的认可。然而，微课的应用也面临着一些挑战，需要高职教育机构和教师共同努力，充分发挥微课的优势，解决相应的问题，为学生提供更好的学习体验和教育服务。

（三）微课教学模式的优势与挑战

微课教学模式在高职教育中具有许多优势和面临一些挑战。

微课教学模式的优势之一是灵活性。由于微课的特点是短小精悍，学生可以根据自身时间安排进行学习，无需在固定的时间和地点上课。这种灵活性使得学生可以自主掌握学习进度，提高学习效率。

微课教学模式具有个性化教学的优势。微课的内容可以根据学生的不同需求进行定制，针对性地提供所需的学习材料。这种个性化教学可以更好地满足学生的学习需求，提高学习兴趣和主动性。

微课教学模式还能为学生提供丰富的学习资源，以及便捷的学习方式。由于微课通常以视频形式呈现，其中包含了丰富的图文、动画等多媒体元素，使得学习内容更加生动有趣。学生可以根据自己的学习风格选择不同的微课进行学习，提高学习效果。

同时，微课教学还将学习与技术结合，使得学习变得更加便捷。学生可以随时随地通过电脑、手机等设备进行学习，不再受制于时间和地点的限制。

然而，微课教学模式也面临一些挑战。首先是师资力量的问题。微课的制作需要专业的知识和技能，需要教师具备良好的教学设计和微课制作能力。然而，目前许多教师缺乏这方面的培训和经验，难以制作高质量的微课。此外，学生对于微课的学习动力也是一个挑战。由于微课学习需要较高的自主性，学生需要自觉地进行学习，缺乏必要的监督和引导。如果学生没有足够的自律能力和学习动力，容易松懈懒散，影响学习效果。

总体来说，微课教学模式在高职教育中有着明显的优势，但也存在一些挑战。为了更好地发挥微课教育的作用，需要针对性地加强师资培训，提高教师的制作微课的能力和教学水平。同时，还要加大对学生的引导和监督力度，引导学生形成积极的学习态度和主动的学习方式。只有充分发挥微课教学模式的优势，并解决相应的挑战，才能更好地推动高职教育的发展。

三、高职慕课教学模式

（一）慕课的定义与特点

慕课，即大规模开放在线课程，是一种通过互联网将教育资源传播至全球的新型教学模式，具有以下几个显著特点。

慕课具有开放性。学生可以随时随地通过互联网访问慕课平台，进行课程学习。与传统课堂教学相比，慕课的开放性使得学习不再受时间和空间限制，学生可以按照自己的节奏进行学习。

慕课具有可扩展性。慕课平台可以同时容纳大量的学生，不受传统课堂教学的席位限制。这意味着慕课可以为更多的学生提供学习机会，解决了传统教育中资源不足的问题。

慕课具有自主学习性。慕课通常以视频、文档、测验等形式呈现课程内容，学生可以根据自己的兴趣和需要，选择性地学习和参与。同时，学生可以根据自己的学习进度进行学习安排，实现个性化学习。

此外，慕课还具有互动性。慕课平台提供了学生与教师、学生与学生之间的互动交流机制，例如讨论区、在线作业等。学生可以通过这些互动形式与教师和其他学生进行交流、分享学习心得，促进学习效果的提升。

（二）慕课模式在高职教育中的优势与挑战

慕课在高职教育中的应用已经成为一种趋势，受到了广泛的关注，并展现出一些明显的优势。

慕课为高职学生提供了更广阔的学习渠道和机会。传统的课堂教学受到了空间和时间的限制，而慕课的在线学习模式打破了这些限制，学生可以随时随地通过互联网参与学习。这使得那些因为实习或其他原因无法参与传统课堂学习的学生能够接受高质量的教育。

慕课在教学内容和形式上具有较大的灵活性。慕课的录制形式使得教师可以提前录制好课程视频，学生可以根据自己的学习进度自由选择观看。这种自主学习的模式可以根据学生的特点和需求进行调整，既提高了学习效果，又提高了学习兴趣。

慕课在高职教育中能够提供丰富的学习资源和互动平台。许多高质量的慕课平台上都有大量的学习资源，包括课程视频、教学材料和习题等。学生可以根据自己的需要选择学习资源，丰富自己的知识。同时，慕课平台上也提供了各种社交和互动功能，学生可以通过在线讨论、问题解答等方式与教师和其他学生进行交流和学习。

慕课教学模式具有强大的可扩展性。通过慕课平台，学生学习不再受限于传统教室和固定的学习时间。同时，还可以轻松地扩展到更多的学生群体，实现大规模的教育覆盖，为更多人提供优质的教育资源。

慕课教学模式强调学生的自主学习能力和学习主动性的培养。在慕课课程中，学生通过自主选择学习内容、控制学习进度和参与各种互动讨论，积极地参与到学习过程中，增强了他们的学习动机和学习兴趣。慕课教学模式注重培养学生的创新思维和问题解决能力，通过丰富的学习资源和实践案例，激发学生的学习潜能，培养他们的综合素质和职业能力。

然而，慕课教学模式也存在一些挑战。一方面，慕课教学模式对学生的自律性和学习能力提出了更高的要求。由于学生在慕课学习中没有严格的监督和指导，需要他们具备自我管理和自主学习的能力，独立完成学习任务并进行反思和总结。这对某些学生来说可能是一项挑战，需要针对性地提供支持和指导，以帮助他们适应慕课学习的特点。

另一方面，慕课教育模式的教师角色也需要重新定义和调整。在传统教育模式中，教师起着主导和指导的作用，而在慕课教育模式中，教师更像是学习的引导者和学习资源的提供者。教师需要提前准备好适合慕课形式的课程内容和学习资源，并通过慕课平台与学生进行互动和交流，及时回答学生的问题和解决学习困惑。这对教师的教学能力和教育理念提出了更高的要求，需要不断更新和提升。

第三节 中国传统文化与高职教育的关系

一、中国传统文化概述

（一）中国传统文化的定义与特性

中国传统文化是指在中国历史长河中，文明演化而汇集成的反映中华民族特质和风貌的民族文化，是中华民族历史上各种思想文化、观念形态的总体表征。包括中华民族历史相传的价值观、认识论、方法体系、生活方式、思维习惯。

中国传统文化具有延续性、包容性等特点。

1. 延续性强

中国传统文化具有长期延续发展而从不中断的特点，具有顽强的生命力。

2. 包容性

中国传统文化是多元化的，在发展中吸收了各方元素，融合了儒、释、道等多种思想，具有凝聚力和包容性。

3. 悠久性

中国是一个历史悠久、历经潮起潮落的文明古国，拥有五千年的历史。中国传统文化作为中华民族历代传承的精神体系，博大精深，具有悠久的历史底蕴。

（二）中国传统文化的主要内容

中国传统文化作为中华民族的瑰宝，其内容丰富多样，包含了众多的价值观念、思想体系和行为规范。它是中国人民经过长期实践和积淀形成的，反映了中华民族的智慧和精神追求。

中国传统文化的主要内容包括思想、文学、艺术、风俗习惯等方面。其中，思想是中国传统文化的核心，包括儒家思想、道家思想等。中国传统文学也是传统文化的重要组成部分，包括诗词、小说、戏曲等。另外，中国传统艺术主要有中国传统音乐、中国传统绘画、书法等，也是中国传统文化重要内容。

（三）中国传统文化的价值

道德观念的创立与弘扬是中国传统文化的重要价值。中国传统文化构建了严谨的道德体系。这些道德观念深刻影响了中华民族的思想观念和行为习惯。在高职教育中，中国传统文化中的道德观念仍然具有重要指导意义，它提醒学生要遵循道德规范，保持正确的价值观和行为准则。

文化传承与发展是中华传统文化的核心价值之一。中华优秀传统文化是中华民族文化的基因，代代相传，体现了中华民族的智慧和创造力。它不仅影响着民众的行为和思想，还与中华民族的文化底蕴紧密相连，在高职三创教育中，应该从中国传统文化中汲取营养，收集灵感，推动创新创业创造的发展。

二、高职教育现存的问题

在当前社会发展的背景下，高职教育作为一种重要的教育形式，不断得到重视和发展，但仍存在一些不可忽视的现实问题。

第一，目前高职教育的定义仍然模糊不清，不同地区对高职教育的定位和理解存在差异。这导致了高职教育在各地发展的不均衡，一些地区的高职教育资源丰富，而另一些地区则相对匮乏，难以满足社会对技术技能人才的需求。

第二，在高职教育中，传统的教学模式和教育方法仍然占主导地位，缺乏灵活性和创新性。传统的课堂教学以教师为中心，注重理论知识的传授，而忽视了实践操作技能的培养，这与高职教育的定位相矛盾。

第三，教学资源和设备不足也是普遍存在的问题，一些高职院校的实训室、实验室设施陈旧，无法满足学生的实际学习需求。

第四，高职教育现状分析显示，对于学生的就业指导和职业规划支持相对不足。很多高职院校注重培养学生的专业技能，但却忽视了对学生就业的全面指导。学生在毕业后往往面临选择困难、就业压力大等问题，这不仅影响了学生的发展，也让高职教育的实际效果受到了挑战。

第五，现行的高职教育体制仍存在着学科设置不合理的现象。在不同的高职院校中，学科设置和专业设置差异较大，导致了不同学校间教学质量的差距。这样的情况不仅会给学生造成困扰，也会影响整个高职教育的发展，难以有效地满足社会对职业人才的需求。高职教育的课程设置和教学内容也需要进一步优化。当前的高职教育课程设置过于重视理论知识，而忽视了实践技能的培养。考核和评价方式主要以考试为主，对学生的能力和创新潜力的培养有一定制约作用。这种教学模式和评价体系不够符合现代化职业能力的要求，需要加以改进和完善。

第六，高职教育的师资力量依然存在一定的问题。尽管高职教育教师队伍整体上得到了较大提升，但是仍存在一些学科专业教师缺乏实践经验和行业背景的情况。这导致一些高职院校无法有效地与行业接轨，无法提供真实的职业培训和实践机会，限制了学生的发展空间。

第七，高职教育毕业生的就业形势依然严峻也是一个亟待解决的课题。尽管高职教育在专业化培养方面有一定优势，且不断得到社会的认可，但是就业形势依然严峻。部分高职院校与企业合作模式不明确，就业信息不畅通，导致学生毕业后面临就业难题。在当前的经济形势下，如何进一步提升高职教育的就业质量和就业率，仍然需要深入思考和探索。

总之，高职教育在面对社会变革和发展需求时，必须正视现实问题并积极探索改进之路。我们应该建立明确的高职教育定义和理念，增加对教师队伍和教师培养的支持力度，推进教学方法和教育手段的创新。同时，要加强与企业的合作，为学生提供更多实践机会和实际就业指导，使高职教育与社会需求更加紧密地结合起来，为我国培养更多的技术技能人才。

三、中国传统文化与高职教育的联系

（一）中国传统文化对高职教育的影响

中国传统文化对高职教育产生深远的影响。

其一，中国传统文化注重道德修养的培养，强调个人修养和品德的培养。在高职教育中，我们可以借鉴传统的优良的价值观，培养学生的道德意识和社会责任感。通过学习传统文化中重诚实、守信等的价值观念，我们可以传递给学生奉献社会、维护正义，以及对他人负责的重要性。

其二，中国传统文化强调学习的重要性和学习的方法。传统文化中有许多关于学习的智慧，如"温故而知新"和"博学之，审问之，慎思之，明辨之，笃行之"，这些都是关于学习的方法和态度的重要启示。在高职教育中，我们可以借鉴传统文化的思想，教导学生正确的学习方法和态度，使他们具备持续学习的能力和意识，提高他们终身学习的能力。

其三，中国传统文化也强调人与人之间的关系和团队合作的重要性。在高职教育中，团队合作是培养学生实践能力和团队合作能力的重要途径。我们可以传递给学生传统文化中尊重他人、团结协作的思想，培养学生的人际交往能力和团队意识。

综上所述，中国一些优良的传统对高职教育产生了积极的影响。在学生的学习方法和态度，以及团队合作能力等方面的养成上，传统文化提供了重要的启示。因此，我们应该充分利用传统文化的智慧，将其融入高职教育中，为学生的全面发展和社会需求做出积极贡献。

（二）中国传统文化在高职教育中的应用方向

传统文化注重道德修养的培养和传承，强调人的品德修养。在高职教育中，学校可以通过开设传统文化课程、组织传统文化活动等方式，引导学生了解传统文化的核心价值观念，培养学生的道德情操和社会责任感。例如，学校可以组织学生参与传统文化节日的庆祝活动，让学生在参与中感受传统文化的魅力，培养他们对传统文化的尊重和热爱。

传统文化凝聚了千百年来人们对生活、社会和自然的思考和智慧，具有丰富而深刻的哲学思想和价值理念。在高职教育中，学校可以鼓励学生在传统文化方面进行研究和探索，提倡传统文化与学科专业的结合，培养学生的学术思维和创新能力。例如，学校可以设立传统文化研究专业或课程，引导学生深入研究中国传统文化，促进传统文化的传承与发展。

传统文化注重人文精神的培养，重视人与人之间的和谐相处和合作。在高职教育中，学校可以开展传统文化教育课程、举办文化交流活动等方式，培养学生的文化素养和社交能力。例如，学校可以组织学生参加传统文化体验活动，让学生通过绘画、书法、民间艺术表演等方式感受传统文化的魅力，提升学生的审美能力和创造力。

总之，学校应注重传统文化的融合和运用，促进高职教育与传统文化的有机结合，为学生打下坚实的文化基础，培养他们全面发展的能力和素养，为培养具有中国人文素养、国际视野的高素质人才做出贡献。

（三）中国传统文化在高职教育中的应用实例

中国传统文化作为一种宝贵的文化资源，已经开始在高职教育中发挥重要的作用。以下是一些具体的应用实例，以展示中国传统文化如何融入高职教育，对学生的成长与发展产生积极的影响。

中国传统文化中的价值观在高职教育中的传递是其中一个重要的方面。通过教育实践课程和校园文化建设，高职院校将传统文化融入学生的日常生活中。例如，在思想政治理论课上，教师通过与学生共同探讨传统文化中的仁爱、和谐、诚信等价值观来引导学生的行为规范和道德选择，培养学生的社会责任感。

中国传统文化在高职教育中还与学科知识相结合。教师通过讲授一些与传统文化相关的学科知识，如中国古代文学、历史、哲学等，使学生更加深入地了解和理解中国传统文化的内涵。并且，教师还可以通过传统文化的案例分析和实践活动，引导学生运用传统文化的智慧和思维方式来解决当今社会和职业领域中的实际问题。

中国传统文化在高职教育中还可以通过学生的实践活动来应用。学生可以通过参与传统文化的传承和创新活动，如书法、茶艺等社团或课外活动，来提升自己的审美情趣、文化素养和创造能力。这样的实践活动既能丰富学生的学习经历，又增强学生对传统文化的认知和理解。

中国传统文化在高职教育中的应用还可通过开展跨学科的课程设计来实现。例如，在艺术设计专业中，可以设置中国传统文化与时尚设计的交叉课程，使学生在学习时尚设计的同时，了解中国传统文化对时尚的影响和启示。这样的跨学科课程设计能够提升学生的综合能力，并启发他们在实际工作中遇到问题时从传统文化的角度出发，进行创新和解决。

四、中国传统文化对高职教育的启示

（一）以中国传统文化为核心的高职教育模式探析

中国传统文化作为中华民族的宝贵财富之一，具有悠久深厚的底蕴。在高职教育领域，以中国传统文化为核心的教育模式的具体内容和特点值得我们深入探析。

以中国传统文化为核心的高职教育模式强调尊重和传承传统文化。这种模式要求学生对传统文化进行深入研究和理解，使其能够真正领悟传统文化的精髓和价值观念。

这种模式能够培养学生对传统文化的崇敬之心，激发学生对传统文化的浓厚兴趣，进而增强他们对中国传统文化的热爱和自豪感。

以中国传统文化为核心的高职教育模式注重传统文化的融合与创新。传统文化在这种模式下，不仅仅停留在理论层面，更重要的是与现代高职教育相结合，形成有机的教育体系。高职教育的课程设置、教学方法、评价体系等方面，都可以融入中国传统文化的要素，以传统文化为基础创新教学方式，提高教育质量和效果。

以中国传统文化为核心的高职教育模式也强调培养学生的创新精神和综合素质。传统文化中蕴含了丰富的道德观念、思维模式和美学理念，这些都为学生的创新能力和综合素质的培养提供了良好的基础。通过学习传统文化，学生可以培养锐意进取、勇于创新的精神，以及综合运用各种知识和技能的能力。

总而言之，以中国传统文化为核心的高职教育模式在推动高职教育的发展和提升方面具有重要意义。它不仅可以传承和弘扬中华民族的优秀传统文化，更能够培养学生的创新能力和综合素质。因此，我们应该进一步研究和推广以中国传统文化为核心的高职教育模式，为我国高职教育事业注入新的活力和动力。

（二）中国传统文化对高职教育教学方法的启示

教学方法直接影响着学生的学习效果和学习能力的培养。中国传统文化对高职教育的教学方法的创新有启发作用。

中国传统文化强调实践的重要性，注重实践教学。传统文化中有许多重视实践的教育思想，如"学以致用""知行合一"。这些思想对于高职教育来说，意味着要将学生的学习与实际应用结合起来，通过实践性教学活动让学生动手操作，培养他们的实际操作能力和解决实际问题的能力。因此，在高职教育中，应该加强实践教学的开展，不再局限于课堂上的理论授课，还要注重实验实训、实习实训等实践性教学环节的设置。

中国传统文化强调"师生相长"，注重师生关系的建立和培养。传统文化中有着"师者，所以传道授业解惑也"的观念。这启示我们，要重视师生之间的互动和交流。在教学过程中，教师应该是学生的引导者和指导者，要积极与学生对话，与他们建立起良好的师生关系。教师应该耐心倾听学生的问题和困惑，并积极回答和解答，帮助他们克服学习中的困难。而学生也要主动与教师进行交流，提出自己的疑问和想法，通过与教师的互动学习，不断提高自己的学习能力和思辨能力。

中国传统文化还强调修养品性，注重个人品德的培养。传统文化中有许多关于品德修养的思想，如"修身齐家治国平天下"。这对高职教育教学方法的启示是，要注重培养学生的道德品质和素养。教师应该以身作则，树立正面的榜样，引导学生感受传统文化中优良的价值观念，并将这些价值观念融入教学过程中，通过案例分析、讨论等教学方式，培养学生的道德意识和责任心。

（三）中国传统文化对高职教育教学理念的启示

中国传统文化底蕴深厚，蕴含着丰富的教育智慧和价值观念，为高职教育的教学理念提供了有益的启示。

首先，中国传统文化强调"德育为先"，注重培养学生的品德修养。在高职教育中，也应该将培养学生的德性与情操放在首要位置，通过教育引导和实践活动，培养学生的社会责任感和公民意识。

其次，中国传统文化倡导"实践至上"，强调实践与理论相结合、知行合一。在高职教育中，也应该注重培养学生的实践能力和创新精神。通过开展实践教学和实践活动，让学生能够将所学知识应用于实际问题的解决，并培养学生的动手能力和创新思维，使他们具备实践运用所学知识的能力。

综上所述，中国传统文化对高职教育的教学理念提供了有益的启示。在培养德、智、体、美全面发展的高职学生的过程中，我们应该注重德育和实践的开展、以及教师专业素养提升。通过将中国传统文化中的一些思想与教育实践相结合，我们能够更好地引导学生，实现高职教育与中国传统文化的有机融合，为培养适应社会发展需求的高素质人才做出积极贡献。

第二章 高职创新教育

第一节 创新教育概述

一、创新的定义与重要性

（一）创新的定义

创新是一个广泛而复杂的概念，在不同领域和学科中可以有不同的定义和解释。然而，无论是在经济学、管理学还是科技领域，创新都具有相似的核心意义：创新是指通过引入新的思想、方式、产品、服务或流程，创造出能够带来真正价值和改变的新事物。

创新是一种创造性的行为。它要求人们能够有独特的见解和观点，通过对问题的重新思考和探索，产生全新的解决方案。创新要求我们跳出传统思维的框架，敢于打破规则和突破常规，尝试着去做一些从未被尝试过的事情。

创新是一种颠覆性的力量。它能够颠覆现有的格局和原有的思维方式，打破旧有的规则和惯例。通过创新，我们能够带来革命性的变革和突破，从而为社会、组织和个人带来巨大的推动力。

创新还是一种持续的过程。创新不仅仅是一时的想法或灵感，它需要持续的努力和实践。创新需要我们对问题进行不断的探索和实验，从中不断学习和改进，以寻找最佳的解决方案。

创新是一种跨学科的综合能力。实现创新需要从不同领域获取知识和技能，将它们进行整合和应用。创新需要多学科的合作和交流，通过各种各样的观点和思维的碰撞，产生更加丰富和全面的创新成果。

总之，创新是推动社会进步和发展的重要动力，对个人、组织和国家的发展都具有重要意义。因此，我们应该重视并培养创新思维和能力，不断探索和实践，力图创新发展。

（二）创新的重要性

创新是现代社会发展的重要驱动力，具有极其重要的意义。首先，创新是实现经济增长和持续发展的关键因素。在全球竞争激烈的市场环境中，只有不断进行创新，才能够取得竞争优势，实现持续的增长。创新有助于发现新增长点，推动经济结构的升级和转型，并促进整个社会的繁荣和进步。

其次，创新对于个人的发展和职业成功也具有重要意义。在一个快速变化的时代，具备创新能力的个人更容易适应新的挑战，抓住机遇。具备创新能力可以使个人在工作中提出创新的解决方案，提升竞争力，获得更好的职业机会和升迁空间。

再次，创新还对社会进步和问题解决起着重要作用。创新能够推动科学技术的发展和应用，解决社会中的各种问题。通过创新，可以突破传统的思维模式和方法，开辟新的研究领域，提供新的解决方案。在教育、医疗、环保等领域，创新可以带来更好的服务和效益，提高社会质量和福利水平。

最后，创新还有助于提升国家的国际竞争力和声誉。创新是国家实力的重要体现，具有重大的战略意义。创新对于国家来说，不仅可以提高国内产业的竞争力，还可以在国际上树立良好的形象和声誉。通过创新，国家可以积极参与国际科技合作，吸引外资和外国人才，加强与其他国家的交流和合作，推动国家的繁荣和发展。

总之，创新的重要性不可低估，它对于经济、个人、社会和国家都具有积极影响。因此，我们应该重视创新，为创新能力的发展创造良好的环境和条件，推动社会和国家的进步。

二、创新思维的形成、培养及应用

（一）创新思维的形成过程

创新思维是指在解决问题和创造新领域时采取的一种非传统、非常规的思维方式。它有着广泛的应用领域，并可以为各行各业的发展带来巨大的推动力。

创新思维的形成过程是一个复杂而多元的过程，涉及到个体的认知、思维方式和观念的转变。在这个过程中，个体需要经历几个关键步骤。

首先，创新思维的形成要从观察和感知开始。个体需要敏锐地观察和感知周围的事物，并且能够理解和解释它们。通过对问题和现象的观察，个体能够从中发现潜在的机遇和挑战，激发创新的灵感。

其次，创新思维的形成需要通过对信息的整合和分析来建立新的联系和认知模式。个体需要将不同的信息和知识点进行整合，以形成新的想法和观点。这种整合和分析过程是创新思维的基础，能够为个体提供更广阔的思维空间和丰富的创新资源。

再次，创新思维的形成需要个体具备批判性思维。个体应该敢于挑战传统的观念和假设，并且能够发现其中的不足和局限性。通过批判性思维，个体能够打破固有的思维框架，寻找更具创新性和突破性的解决方案。

最后，创新思维的形成还需要不断的实践和反思。个体应该将自己的创新思维应用于实际问题中，并且不断反思和改进。通过不断的实践和反思，个体能够提升自己的创新思维能力，并且将其转化为实际的创新行动。

（二）培养创新思维的关键技巧

在培养和发展创新思维过程中，有一些关键技巧，这些技巧可以帮助我们更好地发掘和利用创新的潜力，提高创新能力。

1. 多角度思考

传统的思维往往受限于固有的观念和框架，容易形成思维定势。我们可以从多个角度对问题进行思考，并尝试从不同的视角来解决问题。通过不拘一格地思考，可以发现更多的可能性和解决思路，激发出创新的火花。

2. 跨界融合

在今天的社会中，许多重大的创新都来自不同领域的融合。因此，我们需要拓宽自己的知识面，跨越不同学科和领域的界限，学会将不同的思维方法和概念结合起来，以寻找新的解决方案。通过跨界融合，我们可以打破常规思维，产生具有创新价值的想法。

3. 充分发挥想象力

想象力是人类创造力的来源之一，它可以帮助我们构建具体形象的思维图景，产生富于创造性的想法。我们可以通过各种方式来激发想象力，如阅读、观察、思维实验等。当我们将想象力与现实进行结合时，就有可能产生出真正具有创新性的思维。

4. 持续学习和不断探索新的领域

随着社会的不断变化和科技的迅速发展，我们需要不断学习新知识、新技术和新方法，紧跟时代潮流。通过持续学习，我们能够不断更新自己的思维模式，增强自己的创新能力，保持对新事物的好奇心和探索精神。

（三）创新思维的应用领域

创新思维在科学研究领域中具有重要作用。科学研究需要不断地发现新的事物，解决新的问题，而传统的思维方式往往束缚了人们的思维。通过运用创新思维，科学家们能够跳出传统思维的限制，突破传统的研究方法，发现新的规律和现象。例如，在天文学领域，科学家们运用创新思维，通过发展新的观测技术和分析方法，成功揭示了宇宙中的一些未知现象和规律，推动了天文学的发展。

创新思维在商业领域中也扮演着重要的角色。商业竞争十分激烈，传统的思维方式和经营模式已经难以适应快速变化的市场需求。在这样的环境下，运用创新思维能够帮助企业创造出独特的产品或服务，为客户提供全新的体验和解决方案，从而获得竞争优势。

创新思维在教育领域中也十分重要。教育是培养学生创新能力和创造力的重要环节。传统的教育模式往往注重知识的灌输和应试技巧的训练，忽视了培养学生创新思维的重要性。通过引入创新思维教育，学生能够培养批判性思维、创造性思维和解决问题的能力，提高其创新能力。例如，在一些学校中，教师会组织学生进行创新项目和实践活动，激发学生的创新潜力和创造力。

三、创新能力的发展与训练

（一）创新能力的形成机制

创新能力的形成是一个复杂的过程，它受到多方面因素的影响。首先，个人的认知能力对于创新能力的形成具有重要作用。一个具有较高认知能力的个体能够更好地理解问题，捕捉到问题的本质，并展开创新性思考。其次，环境和组织文化也对创新能力的形成起着重要的促进作用。创新需要开放的环境和培养创新思维的组织文化，这种环境和文化可以激发人们的潜能和想象力，使他们不断探索和冒险。再次，创新能力的形成还与经验和学习有关。通过积累实践经验和不断学习，个人的创新能力得以提升。当人们不断面对各种问题和挑战，通过失败和反思来总结经验和教训时，他们逐渐培养了创新能力。最后，社会和文化背景也对创新能力的形成产生影响。不同的社会和文化有不同的价值观念和思维方式，这些因素对于个体的创新能力的培养具有一定的塑造作用。

在创新能力的形成过程中，我们还可以借鉴一些方法和技巧来加速个体的创新能力的发展。其一，我们可以通过激发思维的多样性来培养创新能力。多样性的思维意味着从不同角度和维度来看待问题，尝试不同的解决方式和思维模式。通过开放的思维态度和跨学科的融合，可以激发创新思维的可能性。其二，创新能力的培养需要培养批判性思维和创造性思维的能力。批判性思维让我们能够对问题进行深入分析和评估，找到问题的关键所在；而创造性思维则能够激发我们的想象力和创意，产生全新的解决方案。其三，与他人进行合作和交流也是培养创新能力的重要途径。通过与他人的协作，我们可以开拓视野，借鉴他人的经验和观点，从而拓展自己的创新思维。其四，实践是培养创新能力的关键。只有在实际问题的解决过程中，我们才能够真正运用和发展我们的创新能力。因此，我们需要提供机会和平台，使个体能够通过实践经验来培养和提升创新能力。

（二）创新能力的培养方法

在当今竞争激烈的社会中，创新能力成为了企业和个人获得成功的关键因素之一。因此，培养创新能力成为了一个迫切的任务。以下将探讨几种常见的创新能力培养方法，帮助个体和组织有效地提升创新能力。

首先，学习从他人身上汲取创新灵感是培养创新能力的一种重要方法。与他人的交流和合作有助于开拓思路和扩展视野。通过参加创新讲座、研讨会以及与创新领域的专业人士进行交流，我们可以了解到不同行业中的创新案例和经验。这些经验可以激发我们的创造力，为我们提供新的思维方式和方法。

其次，培养对问题的洞察力和解决问题的能力是创新能力培养的关键。通过分析和思考真实的问题，我们可以培养对难题的洞察力和洞察问题本质的能力。这种能力的培养需要我们进行多方位的思考，从不同的角度分析问题，寻找新的解决方案。在这个过程中，我们要善于提出挑战性的问题，激发创新思维，同时还要培养一种持续学习的心态，不断寻求新的知识和技能。

再次，创新能力的培养也需要不断地进行实践，并对实践不断反思。只有通过实践，我们才能将理论知识转化为实际能力。在实践过程中，我们不仅要勇于尝试新的想法和方法，还需要敢于面对失败和挫折，并从中吸取教训。同时，在实践的基础上，我们还需要进行反思和总结，分析实践过程中的成功和失败，找出问题所在并提出优化的方案。这样一来，我们才能不断地改进和提升创新能力。

最后，持续进行创新训练和培训也是培养创新能力的一个重要途径。通过参加各类创新培训班、工作坊和实践项目，我们可以系统地学习和训练创新的方法和技巧。这些培训活动不仅能够提供新的思维模式，还能够提供实践锻炼的机会。同时，我们还可以通过参加创新竞赛和团队合作的项目来锻炼自己的创新能力。这些创新训练和培训活动能够帮助我们发现自己的创新潜力，并将其发挥到最大程度。

（三）创新能力的实际运用

创新能力是在实际运用中得以展现和提升的。在不同的领域和实践中，创新能力可以被充分发掘和应用，为个人和组织的发展带来巨大的推动力。

创新能力在企业管理中的实际运用不可忽视。在日益激烈的市场竞争中，企业需要具备持续创新的能力，以保持竞争优势。这要求企业领导者培养创新思维，鼓励员工提出新想法，并营造创新的组织氛围。通过设立创新奖励制度、推行激励政策等方式，促使员工不断尝试新的方法和解决方案，从而提高企业的竞争力。

创新能力在教育领域的实际应用也具有重要意义。现代教育需要培养学生的创新能力，以适应快速变化的社会需求。教师应该激发学生的创造力和创新精神，鼓励他们独立思考和解决问题。在教学过程中，可以采用启发式教学、项目制学习等方式，培养学生的创新思维和实践能力。同时，学校与社会、企业等合作，为学生提供实践机会和资源支持，让学生能够将创新能力应用到实际中去。

创新能力在科研领域也有广泛的实际运用。科学研究需要突破传统思维的束缚，追求新的发现和解决方案。科研人员应该具备开放的思维和勇于冒险的精神，通过跨学科合作、技术创新等方式，推动科研成果的进一步发展。同时，政府和机构应该提供更多的支持和资金投入，为科研人员创造更有利的研究环境，激发他们的创新活力。

（四）创新能力培养的未来发展趋势

创新能力作为现代社会中重要的竞争力之一，其未来发展趋势备受关注。在信息技术的快速发展以及全球化竞争的背景下，创新能力将呈现出以下几个重要的发展趋势。

1. 发展创新能力将越来越注重跨学科融合

传统意义上的创新往往局限于某个特定领域，但随着知识的不断积累和交叉，需要通过不同领域的融合来实现更高层次的创新。例如，在医疗领域，医学与工程学、生物学等多个学科的融合正推动着医疗技术的革新与改进。

2. 创新能力的培养将更加注重创意思维的发展

创新的本质上是对现有问题进行重新思考，提出新的解决方案。因此，培养创新能力将更加注重培养学生的创意思维。通过启发性的教育方法和创造性的任务设计，鼓励学生独立思考和尝试面对问题的不同角度和解决方法，以培养他们灵活、敏捷的创新思维能力。

3. 创新能力将更加注重团队合作

创新往往需要多个人才的合作与协同，而单打独斗很难达到更大的成果。未来的创新能力培养将更加注重培养学生的团队协作能力。通过项目学习、团队合作等形式，学生将有更多机会学习如何与他人合作、有效沟通和协同创新，以形成更强大的创新团队。

4. 创新能力发展将更加注重应用导向

培养创新能力的目的在于解决现实生活中的问题，未来的创新能力培养将更加注重将所学的知识和技能应用于实际情境中。通过与企业、社区等合作，学生将有机会接触真实的问题，并将自己的创新成果应用于实际场景中，不仅增强了实践能力，同时也促进了创新能力的发展。

第二节 高职创新教育的实践框架

一、学生为中心的教学理念

（一）高职教育的学生为中心理念

高职教育中的创新教育越来越重视学生为中心的教学理念。学生为中心是一种以学生的发展需求为出发点和归宿的教育观念，要求通过关注学生个体的发展和全面培养，实现学生的自主学习和全面发展。

高职教育的学生为中心理念要求将学生作为主体，将其需求摆在教育实践的核心位置。教育者要深入了解学生的兴趣、能力、特长等个体差异，倾听并尊重学生的意见和建议，以满足学生的成长和发展需求。在教学过程中，教育者应该关注学生的学习动机、学习风格和学习策略，为他们提供个性化的学习支持，激发和激励学生的学习兴趣和积极性。

学生为中心的教学理念要求教育者关注学生的个体差异，提供多样化的学习机会。教育者应该根据学生的兴趣爱好和特长，设计丰富多样的教学活动和任务，以激发学生的创造力和创新思维。尊重学生的意见和创意，为他们提供表达和展示的平台，鼓励他们积极参与到学习活动中，实现个体和集体的共同成长。

学生为中心的教学理念还要求教育者关注学生的自主学习和发展。教育者要培养学生主动学习和自主探究的能力，引导他们发展批判性思维和创新能力。通过提供合适的学习环境和资源，激发学生的学习动力和自主性，使他们能够主动寻求知识、解决问题，并将学习成果运用到实际情境中。

（二）学生为中心教学理念的实施

1. 注重学生的主体地位，使学生成为教学中的主体

传统的教学模式往往是教师以单向传授知识的方式，学生被动接受。而学生为中心的教学理念的实施则鼓励学生积极参与课堂讨论、独立思考和自主学习。在实施学生为中心教学理念的实施过程中，教师充当的更多是引导者和指导者的角色，激发学生的学习兴趣和潜力。

2. 注重培养学生的实践能力

在传统的教学模式中，学习往往是以理论为主，实践应用相对较少。而学生为中心的教学理念强调实践与理论的结合，通过项目实践、实习实训等方式，提升学生的实战能力。学生在实践中探索问题、解决问题，培养自主学习和团队合作的能力，使学习更加贴近实际。

3. 倡导个性化教学

每个学生有着不同的兴趣、学习风格和学习节奏，传统的教学模式难以满足每个学生的需求。而学生为中心的教学理念则注重因材施教，充分尊重和关注学生个体差异，提供个性化的学习支持和指导。通过教师与学生之间的深入交流和沟通，教师能更好地了解学生的学习需求，并根据学生的特点制定个性化的学习计划，激发学生的学习兴趣和主动性。

学生为中心的教学理念的实施对于高职教育创新教育具有重要意义。它创造了积极的学习环境，促进了学生的发展和成长。在学生为中心的教学理念实施下，学生不再是知识的被动接受者，而是积极主动地参与到学习过程中，并通过实践探索和创新思维培养了实践能力和创新能力。因此，高职教育应进一步加强对学生为中心教学理念的探索和应用，构建更加完善的教育体系，为学生的全面发展和社会需求做出更大贡献。

（三）学生为中心的教学理念实施效果分析

在高职教育中，学生为中心的教学理念得到了广泛的应用和实施，而学生为中心的教学效果一直是教育工作者关注的重点。接下来将对学生为中心的教学效果进行分析和探讨。

学生为中心的教学理念的实施培养了学生的主动性和综合能力。通过追求教学内容的实际应用和解决问题的方法，学生在教学过程中能够充分发挥自己的主动性和学习能力，提高对所学知识的理解和应用能力。这种教学理念有助于培养学生的创新思维、团队合作精神以及实际操作能力，从而提升学生在实践中的综合素质。

学生为中心的教学理念的实施对学生的学习动机和学习兴趣产生了积极的影响。通过采用项目化教学和问题导向教学等教学方法，学生在解决实际问题的过程中能够体验到学习的乐趣和成就感，能够激发学生的学习兴趣，增强他们的自信心，并且能够培养学生的自主学习能力和问题解决能力。

学生为中心的教学理念在高职教育中的实施取得了明显的效果。通过对高职教育实践中的案例和调查数据的分析，我们可以看到，学生为中心的教学理念对学生的学习效果产生了积极影响。学生在这种教学理念的指导下，能够更加积极主动地参与到学习中，培养了自主学习和合作学习的能力，提高了实际操作的能力，为将来的就业做好了充分准备。

二、基于项目的教学模式

（一）项目式教学模式的理论基础

项目式教学模式是一种基于学生实践和自主学习的教学方法，它的实施需要一定的理论基础支持。项目式教学模式强调学生通过主动参与和实践活动来建构自己的知识和理解。学生在项目式教学中通过实际问题解决和合作同学讨论的过程中，逐渐构建起对知识的认识和理解。这种教学能够激发学生的学习兴趣和参与度，促进他们的深层次学习。

项目式教学模式认为学习应该在具有真实情境和意义的环境中进行。项目式教学模式提供了一个具体场景或实际问题的情境，使学生能够将课堂学习与实际问题相结合，从而增强学习的真实性和可操作性。在项目式教学中，学生会遇到一系列与真实世界相关的挑战和任务，通过解决这些问题来提升他们的学习效果和能力。

项目式教学模式强调学生通过与他人共同合作来推进学习。在项目式教学中，学生通常以小组的形式合作完成任务，他们需要相互交流、分享和协商，共同解决问题。通过与他人合作，学生能够获得不同的观点和思路，拓展自己的思维方式和解决问题的能力。此外，协作学习也有利于培养学生的团队合作意识和沟通能力。

（二）项目式教学的实施步骤

在高职创新教育的实践中，我们需要遵循一系列的步骤，以确保学生能够充分参与到项目中，获得有效的学习成果。

1. 确定项目的目标和范围

在这个步骤中，教师应与学生共同讨论并确定项目的目标，明确所要达到的学习成果。教师可以提供一些引导性问题，帮助学生思考并确定项目的范围，确保项目的设计符合学生的实际情况和课程要求。

2. 设计项目的任务和活动

在这一步骤中，教师应根据项目的目标，设计相应的任务和活动。任务应具有一定的挑战性和实践性，能够充分激发学生的学习兴趣和创造力。活动可以包括实地考察、实验操作、调查研究等不同形式的实践活动，以培养学生的实践能力和解决问题的能力。

3. 分组组织学生

由于项目式教学模式强调学生的合作与交流，因此分组组织学生是非常重要的一步。在组队时，教师可以根据学生的不同特长和能力进行合理分组，以促进团队合作和互相学习。同时，教师还需给予适当的指导和支持，确保每个小组能够顺利地进行项目的实施与完成。

4. 提供必要的资源和支持

在项目实施过程中，教师需要为学生提供必要的资源和支持，以帮助他们顺利地完成项目。资源可以包括图书馆的书籍、网络的资料、实验室的设备等，以满足学生获取信息和进行实践操作的需要。教师还需及时回应学生的问题和困惑，给予指导和建议，帮助他们克服困难并取得成果。

5. 进行项目的评价和总结

在项目结束后，教师应对学生的表现和项目的成果进行评价和总结。评价可以包括学生的参与度、团队合作能力、创新性和实践能力等方面的内容，以全面了解学生的学习成果。同时，教师还可以通过学生的反馈和意见收集，对项目的设计和实施进行改进和优化，以提高项目式教学模式的效果和质量。

（三）项目式教学模式的效果评价

项目式教学模式是一种基于实践的教学方法，注重学生在具体项目中的实际应用与综合能力的培养。对于高职创新教育而言，项目式教学模式的效果评价十分重要，影响着教学的发展，可以通过多种手段和角度进行评价。

首先，可以采用定性评价的方式，即对学生在项目学习过程中的表现进行描述和评估。通过观察学生在项目中的参与程度、团队合作能力以及问题解决能力等方面的表现，可以评估学生对项目任务的理解和运用能力，并对其在项目中的角色定位进行评价。同时，可以关注学生的创新思维、问题解决能力和跨学科能力等方面的发展情况，来评估项目式教学对学生的综合素养的提升效果。

其次，可以采用定量评价的方式，通过对学生在项目学习中的成绩和考核结果进行统计和分析。可以制定合理的评分标准，对学生在项目中的任务分解、计划制定、执行过程、成果展示等方面进行评分，从而客观地评估学生的学习成绩。此外，还可采用问卷调查或学生自评等方式，收集学生对项目式教学的反馈意见和主观评价，为项目式教学模式的效果评价提供参考数据。

再次，还可以通过对项目学习结果的实际应用与推广情况进行评价。项目式教学的目的是培养学生的实际应用能力和创新能力，因此有必要关注项目成果的实际使用和推广情况。可以调查企业或行业对项目成果的认可度和实际应用情况，并对学生在项目中的创新成果的价值和实用性进行评价，从而评估项目式教学模式对学生实际应用能力的培养效果。

最后，在项目式教学模式的效果评价中，应该注重综合考虑学生的知识掌握、技能应用和综合素养的提升。通过定性评价和定量评价相结合的方式，考虑评价数据的客观性与主观性，全面地评估项目式教学模式的效果。同时，不仅要关注学生个体的学习效果，还要关注项目团队的整体表现和成果产出，以提高项目式教学模式的实效性和可持续发展。

三、创新实践平台的构建

（一）构建创新实践平台的必要性和重要性

创新实践平台作为高职创新教育的重要组成部分，在培养学生创新能力、实践能力和综合能力方面起着不可替代的作用。其一，创新实践平台可以提供一个真实的实践环境，让学生能够亲身参与到真实的项目中，从而培养学生的创新思维和解决问题的能力。

其二，创新实践平台能够提供丰富的资源支持，为学生提供广阔的学习和实践空间。通过创新实践平台，学生可以接触到不同领域的知识和技能，拥有了更多的选择性和机会进行综合实践。比如，在一个创新实践平台中，学生可以参与到与企业合作的项目中，他们可以与企业工程师共同开展项目，学习到企业的工作方式和实践经验，这样的实践让学生具备了更多的就业竞争力。

其三，创新实践平台还能够激发学生的创新潜力和自主学习能力。通过自主选择和参与各种创新实践活动，学生可以主动思考和探索，培养他们的创新意识和能力。例如，在创新实践平台中，学生可以自由地选择参与各种创新比赛、科技创新项目等活动，他们可以根据自己的兴趣和特长进行选择，这样的实践让学生更加主动地参与到创新教育中，发挥自己的优势。

总体而言，创新实践平台在高职创新教育中为学生提供了真实的实践环境、丰富的学习资源和机会，激发了学生的创新潜力和自主学习能力。因此，构建一个有效的创新实践平台是实现高职创新教育的关键所在，也是提升学生创新能力和实践能力的有效手段。

（二）创新实践平台的构建策略

在高职创新教育中，构建一个创新实践平台是非常必要而且重要的。这个平台可以为学生提供一个实践和探索的场所，培养学生的创新意识和实际操作能力。为了构建一个有效的创新实践平台，需要制定一系列的构建策略。

1. 确定平台的定位和目标

创新实践平台应该明确自己的定位，是一个提供学生交流、合作和实践的平台。同时，平台的目标应该符合高职创新教育的理念和要求，例如培养学生的创新思维、实践能力和团队合作精神。

2. 注重多元化和专业化

平台应该提供多种形式的实践项目和活动，以满足学生的不同兴趣和基础。另外，平台还应提供具有针对性的实践内容和指导，以帮助学生在特定领域进行深入实践和研究。

3. 与实际企业和社会资源进行合作

实践平台应该与企业建立合作关系，通过合作项目和实践基地，为学生提供真实的实践环境和实践机会。同时，平台还应该与社会组织和相关机构进行合作，开展一系列的实践活动和项目，以扩展学生的实践领域，提高实践效果。

4. 注重创新方法和技术的应用

可以采用先进的信息技术手段，构建一个线上线下相结合、便于学生参与的平台。

利用虚拟实验室、在线交流平台和创新工具等，为学生提供一个创新互动的环境，激发学生的创造力和想象力。

5. 平台的运营管理

平台的管理应该注重学生的主体性，鼓励学生发挥主动性和创造力，积极参与到平台管理中来。同时，还要加强对平台的规划和评估，及时调整和优化平台的内容和形式。此外，平台还应该提供导师的指导和支持，帮助学生进行实践项目的设计和实施。

总之，只有通过有效的构建策略，才能够建设一个真正具有实践和创新价值的高职创新实践平台，为学生的创新教育提供有力支持。

（三）创新实践平台的运营管理

创新实践平台的运营管理是确保平台正常运行和实现预期目标的关键环节。为了有效管理和运营创新实践平台，需要采取一系列策略和措施，以确保其可持续发展，并能有效提高学生的创新能力。

首先，建立健全的管理机制是确保创新实践平台有效运营的基础。这包括明确的组织架构和职责分工，确定运营团队的成员和职责。同时，制定详细的工作流程和制度，确保各项工作有着明确的责任和流程。最重要的是，明确平台的目标和定位，明确平台的核心功能和发展方向，以便更好地满足学生的需求。

其次，建立有效的资源管理机制对于创新实践平台的运营管理也非常重要。资源的合理配置和管理，不仅有助于提高平台的运作效率，还能够最大程度地利用资源，提供更好的创新实践条件。这包括教学设备、实验器材、教师和专业人才的配备等。通过合理规划和利用这些资源，可以提供更多的实践机会，为学生们提供更好的创新实践平台。

再次，注重团队建设和培训也是确保创新实践平台运营顺畅的关键方面。特别是针对运营团队成员，应该加强培训和学习的机会，提供相关的知识和技能培训，以提高他们在运营中的专业水平。同时，要重视团队合作和沟通，建立和谐的工作氛围，为平台的顺利运营提供良好的保障。

最后，持续监测和评估是确保创新实践平台运营管理效果的重要手段。通过评估平台的运行情况和效果，及时发现问题和不足，并进行改进和调整。同时，了解学生和教师的反馈和需求，及时做出调整和改进，以提供更好的服务和支持。

总之，只有通过科学有效的运营管理，创新实践平台才能够为学生提供更好的实践环境，促进他们创新能力的全面提升。

（四）创新实践平台的效果评估

通过对创新实践平台的效果评估，可以客观地了解该平台在促进学生创新能力的培养、实践动手能力的提升以及学科知识的应用等方面的效果和成效。

创新实践平台的效果评估应该关注学生的创新能力的培养效果。创新能力是高职教育的核心目标之一，通过创新实践平台的建设和运营，学生可以接触到各种创新项目和实践机会，培养自己的创新思维和创新能力。在评估过程中，可以通过学生的创新项目成果、申报专利数量和学术论文发表等指标来评估学生创新能力的培养情况。

创新实践平台的效果评估还应该关注学生实践动手能力的提升。高职教育的一个重要目标是培养学生具备实践动手能力的专业人才。在创新实践平台中，学生将有机会参与到项目的实施、操作和实践中，培养自己的动手能力和实践技能。在评估中，可以考察学生在实践中表现出的操作熟练度、解决问题的能力，以及对技术设备和工具的运用情况等。

创新实践平台的效果评估还应该关注学科知识的应用。创新实践平台既是一个实践平台，也是一个学科知识应用的场所。在创新实践项目中，学生需要将所学的学科知识应用于实践中，解决实际问题。因此，在评估中，可以考察学生对所学知识的运用能力，以及解决实际问题时的思考和判断能力。

综上所述，通过评估学生的创新能力培养情况、实践动手能力的提升以及学科知识的应用情况等方面，可以对创新实践平台的成效进行客观评估和改进。评估结果将为创新实践平台的进一步改进和完善提供有力的指导和支持，同时也可以为高职创新教育的发展提供参考。

第三章 高职创业教育

第一节 创业教育概述

一、创业教育的定义与内涵

（一）创业教育的定义

创业教育是一种培养学生创业意识、创新能力和创业精神的教育活动，它旨在通过系统的教育和训练，帮助学生了解创业的概念、过程和方法，激发他们的创新思维和实践能力，使他们在未来职业生涯中成为创业者或具备创业能力的人才。创业教育包含几个关键要素。

1. 培养学生的创业意识

创业意识是指学生对创业的认知和理解，包括对市场机会的把握、对创新的渴望、对风险和失败的接受等。创业教育通过课程设置、实践活动等方式，帮助学生深入了解创业的本质和重要性，使他们具备积极进取的创业意识。

2. 培养学生的创新能力

创新能力是指学生具备开拓创新、解决问题的能力，包括发现问题、分析问题、提出创新解决方案等。创业教育通过开展创新创业项目、组织创意竞赛等活动，激发学生的创造力和创新思维，让他们在面对复杂问题时能够灵活思考、寻找新的解决方案。

3. 培养学生的创业精神

创业精神是指学生具备的勇于冒险、坚持不懈的精神品质，包括面对挑战的勇气、对困难的承受能力、对成功的追求等。创业教育通过创业导师制度、企业实践等途径，引导学生在实践中培养创业精神，使他们有胆量去创新、去实践，并能在充满竞争和变化的市场环境中获得成功。

（二）创业教育的基本内涵

创业教育作为一种新兴的教育形式，具有丰富的内涵。首先，创业教育是培养学生创业意识和创业素养的过程。它旨在激发学生对创新和创业的兴趣，使他们具备发现、把握和利用机会的能力，并能承担创业风险。其次，创业教育注重培养学生的创造力和创新能力。创业需要创新，所以创业教育强调培养学生的创造性思维和解决问题的能力，帮助他们在不断变化的市场环境中找到独特的竞争优势。再次，创业教育还关注学生的团队合作与沟通能力。创业往往需要团队的合作，因此创业教育通过项目式实践活动，培养学生的团队协作和沟通交流能力，使他们能够与他人合作并推动项目的成功实施。最后，创业教育还注重培养学生的自我管理和创业精神。创业教育帮助学生建立正确的价值观和人生目标，提升他们的自我认知和自我管理能力，使他们具备坚韧不拔、勇于追求梦想的创业精神。

以上这些内涵是创业教育的核心，也是帮助学生成为创业者的重要基础。在今天迅速变化且竞争激烈的社会环境中，创业教育将发挥越来越重要的作用，为培养具备创新创业能力的人才提供有力支持。

（三）创业教育的主要内容

1. 培养学生创新思维和创新能力

通过引导和培养，学生需要掌握创新思维的方法和技巧，具备解决问题的能力，并学会将创新思维应用于实际的创业过程中。

2. 学生创业素养的培养

创业素养是指学生具备的创业能力和创业态度。这包括了对风险的认知和应对能力，对市场的洞察力和判断力，对资源整合和团队管理的能力，以及对社会责任的关注。通过培养学生的创业素养，可以增强其在创业过程中的竞争力和成功潜力。

3. 注重实践能力的培养

创业是一个实践性极强的过程，理论知识的掌握往往远远不够，需要学生通过实践来获取经验并进行反思与改进。因此，在创业教育中，学生需要参与到真实的创业活动中，如参与商业计划比赛、实习或创业项目等，以提升其实践能力和创业经验。

4. 对学生的创业意识和创业精神的培养

创业意识是指学生对创业机会、创业资源和创业环境的敏感度和认识，而创业精神则是指学生在创业过程中所展现出来的积极、坚韧和创造性的态度和行动。在创业教育中，学生需要通过学习和实践，培养并强化其创业意识和创业精神，以应对未来创业过程中所面临的各种挑战和困难。

二、创业教育的目标与意义

（一）创业教育的目标

创业教育的目标是培养学生的创新创业意识和能力，使他们具备从零到一的创新思维以及从无到有的创业能力。具体而言，创业教育的目标主要包括以下几个方面。

1. 培养学生的创造力和创新精神

创新是创业的基石，只有拥有独特的创新能力，才能在竞争激烈的市场中脱颖而出。因此，创业教育致力于激发学生的创造潜能，培养他们的创新思维和问题解决能力。

2. 培养学生的团队合作与沟通能力

在现代创业环境中，成功的创业项目往往需要多种技能和专业知识的综合运用，而团队合作与沟通则是实现这一目标的必备条件。因此，创业教育注重培养学生的团队合作与沟通能力，帮助他们学会与他人合作，实现协同创新。

3. 培养学生的市场洞察力和商业思维

创业成功离不开对市场需求的准确把握和深入洞察，而商业思维则是创业决策和战略规划的基础。因此，创业教育倡导学生积极主动地了解市场动态，培养他们的市场洞察力和商业思维能力，使其能够科学地评估商业机会和制定有效的创业策略。

4. 培养学生的创业精神和风险意识

创业过程中充满了风险和不确定性，也需要创业者拥有坚定的信念和敢于接受挑战的勇气。因此，创业教育强调培养学生的创业精神和风险意识，使他们能够面对挫折和困难时保持积极态度，勇敢地面对风险并做出明智的决策。

（二）创业教育的意义

创业教育被广泛认为是培养学生创新创业能力和创业精神的重要途径之一，它不仅仅是为了培养一批才华横溢的创业者，更是为了满足社会经济的发展需求。创业教育的意义体现在以下几个方面。

首先，创业教育可以培养学生的创新能力和创业精神。在现代社会，创新成为推动社会进步和经济发展的重要驱动力。通过创业教育，学生可以接触到不同的创新思维和创造性解决问题的方法，从而培养出敢于创新、善于创新的能力。这种创新能力不仅在创业领域有用，也可以在学习、工作和生活的方方面面展现出来。

其次，创业教育能够提高学生的职业竞争力。随着社会竞争的加剧，仅依靠传统的学术知识应用已经不再能够满足职业要求。创业教育提供了一种全新的视角，使学生能够了解市场需求、创新产品和服务，并将其转化为商业机会。通过创业教育的培养，学生具备了创业的技能和经验，能够在职场中脱颖而出，增加自己的就业机会。

再次，创业教育还可以激发学生的创业热情和创业意愿。在现实生活中，有很多人想要创业，但因为缺乏相关知识和经验而不敢行动。通过创业教育的引导，学生可以深入了解创业领域的风险与机遇，了解创业所需的资源和支持，从而减轻他们的创业顾虑，增强他们的创业信心，鼓励他们积极参与创业活动。

最后，创业教育对社会的发展也具有重要的意义。创业者是社会中的创新驱动力量，他们的创业行为可以推动技术创新、产业升级和经济发展。因此，通过创业教育培养出的创业者将成为社会发展的推动者和引领者，为社会经济的繁荣做出重要贡献。

总之，创业教育的意义不仅仅体现在个人能力的培养和职业竞争力的提升上，更体现在社会发展和经济繁荣的层面上，它为学生提供了创新创业的方向和平台，激发了他们的创业热情和创业意愿，同时也对社会经济的发展起到积极的推动作用。因此，创业教育不可忽视，需受到社会各界的高度重视和广泛支持。

（三）创业教育的社会价值

1. 创业教育能够激发人们的创造力和创新潜能

在创业教育的培养下，学生会受到一系列创业实践和创新思维的训练，使他们习得创新的方法和技巧。这些实践经验和思维方式将激发他们的创造力，使他们更加敢于创新，在面对问题和挑战时能够迅速找到合适的解决方案，提高了整个社会的创新能力。

2. 创业教育能够促进社会经济的发展

创业教育的目标是培养创业者，而创业者往往是社会经济发展的主要推动力量。他们不仅能够为社会带来新的产品和服务，同时也能够创造新的就业机会。在当今竞争激烈、就业形势严峻的社会背景下，培养更多的创业者对于促进就业和经济发展具有重要意义，可以缓解社会就业压力，提升整个社会的创业氛围和创业环境。

3. 创业教育能够让学生全面发展

创业教育不仅仅是传授创业知识和技能，更重要的是培养学生的综合能力。在创业的过程中，涉及到的不仅仅是专业知识，还需要学生具备良好的沟通能力、团队协作能力、决策能力等。通过创业教育的培养，学生将能够全面发展自己的各方面能力，更好地适应社会的需求，为将来的职业发展打下坚实的基础。

总而言之，通过创业教育，我们能够为社会培养出更多富有创新精神和创业能力的人才，为社会发展注入新的活力。因此，创业教育不仅是高职教育的重要内容，也是社会发展的重要保障。只有重视创业教育，才能够实现社会的可持续发展和进步。

三、创业教育的历史与发展

（一）创业教育的历史演变

创业教育的历史演变是指随着社会经济发展和教育理念的变迁，创业教育在不同时期经历过各种变革和发展过程。从传统的教育模式到现代的创新创业教育，创业教育经历了一系列的发展阶段。

首先，古代的教育往往以传统的知识传递为主导，强调学生的学习和应试能力。创业教育还没有得到足够的重视，人们注重的是对传统职业技能的培养。创业教育概念的确立和理论的建立较为欠缺。随着工业革命和科技进步的推动，人们逐渐认识到创新和创业对经济发展的重要性。

其次，随着市场经济的发展，创业教育逐渐引起了人们的关注。以商业学校为代表的创业课程开始出现，创业导师制度也逐渐得到推广。创业教育的目标也从简单的培养学生的创业意识，发展到培养学生的创业技能和创新能力。创业实践活动也逐步成为创业教育的重要组成部分。

再次，随着信息技术的快速发展，创业教育进入了一个新时代。互联网创业和数字经济开发成为一种新的创业形式。创业教育也开始关注新兴行业和颠覆性创新，培养学生的创新意识和科技创业能力。大量的创业孵化项目和创业竞赛活动涌现出来，为学生提供了更多的创业机会和平台。

最后，创业教育迎来了多元化的发展趋势。创业教育不再局限于经济领域，而是扩展到更多的学科领域，如医学、艺术、工程等。创业教育开始注重培养学生的综合素质和创业精神，提倡以人为本的教育理念。同时，跨学科和跨文化的创业教育也成为未来的发展方向。

（二）创业教育的发展现状

创业教育作为一种前沿的教育理念和教育实践，近年来取得了显著的发展。现今，全球各国纷纷加强对创业教育的重视，并积极推动其发展。如今，创业教育的发展呈现出以下几个方面的特点。

第一，创业教育的发展得到了政府的大力支持。越来越多的国家和地区出台了相关创业教育政策和文件，明确支持力度和引导方向。政府通过资金投入、项目扶持、创业基地建设等方式，积极推动创业教育的发展。政府的支持为创业教育提供了良好的发展环境和资源保障，为创业教育的蓬勃发展提供了坚实的基础。

第二，高校中创业教育的开展呈现出多种形式和途径。传统的创业教育主要依托于商学院或管理学院，通过课程设置和创业实践活动来培养学生的创业意识和能力。随着创业教育的普及和推广，越来越多的学校和学科开始融入创业教育的内容，如理工科院校开展科技创新创业教育、医学院校开展临床创业实践等。这种多样化的创业教育形式有效地满足了不同学科背景学生的创业需求。

第三，社会资源的参与促进了创业教育的发展。创业教育涉及到创业导师、创投机构、创业企业等一系列社会资源的参与。在创业教育的发展现状中，越来越多的专业导师和成功创业者进入高校，通过讲座、指导等方式，为学生提供实际的创业经验和指导。创投机构也积极参与到创业教育中，提供资金、资源和网络平台，为学生的创业项目提供支持。这种社会资源的参与丰富了创业教育的内涵，提高了学生的创业成功率。

第四，创业教育朝着国际化发展。全球化的背景下，越来越多的国家和地区开始关注创业教育的国际交流与合作。国际间的创业教育合作不仅促进了创业教育的交流与碰撞，还为学生提供了更广阔的创业舞台。许多国际性的创业比赛、创业交流活动等也给学生提供了展示自己创业项目的机会。

（三）创业教育的发展趋势

随着社会经济的不断发展和创新创业受到持续关注，创业教育作为培养创业精神和创新能力的重要手段，正呈现出新的发展趋势。下面将对创业教育的发展趋势进行探讨。

1. 多样化

传统的创业教育主要注重企业创办和管理知识的培养，但随着行业的不断发展和变革，未来的创业教育将更加注重专业知识的全面补充和拓展，如创意设计、科技创新等领域的知识。同时，创业教育还将更加注重个人能力的培养，包括创业精神、领导能力、团队合作能力等，以培养具备全面素质的创业者。

2. 国际化

随着全球化进程的加快，创业者需要具备全球化思维和跨文化交流能力。因此，创业教育将更加注重培养学生的国际视野和跨文化交流能力，通过国际交流项目、跨国创业实践等方式，帮助学生了解全球市场、掌握国际商务技巧，培养具备国际竞争力的创业者。

3. 终身化

传统上，创业教育主要针对大学生，但随着职业发展观念的变化和人们对个人成长的追求，创业教育将更加注重职场人士的终身学习和创新创业能力的提升。未来，创业教育将以培养人们的创业思维、创新意识为目标，为广大职场人士提供创新创业教育资源和平台，帮助他们在职业生涯中不断成长和进步。

4. 社会化

过去，创业教育主要由学校或专业机构提供，但未来创业教育将有更多的社会力量参与，形成多元主体的合作与共建。政府、企业、科研机构、创业服务机构等多方参与，将共同打造创业生态系统，提供创业资源，支持创业项目，推动创业教育的发展。这将有效促进创业教育的实践性和适应性，更好地培养创业人才。

（四）创业教育的发展预测

在当前全球创新和创业的浪潮中，创业教育正在迅速发展。随着社会对创新创业能力的需求不断增加，创业教育未来的发展前景十分广阔。下面将从几个方面对创业教育的发展进行预测。

首先，创业教育将更加注重实践性和实用性。随着社会对人才的要求越来越高，传统的理论教学已经不能满足学生的需求。创业教育将更加注重培养学生的实际操作能力和解决问题的能力，通过创业实训、商业模拟以及实地考察等形式，让学生能够在实际场景中学习和实践，提高创业技能。

其次，创业教育将更加注重跨学科的融合。创业不仅仅是一个单一领域的事务，而是涉及到多个学科的交叉与融合。未来的创业教育将更加注重培养学生的综合素质和能力，将不同学科的知识和技能有机地结合起来，培养学生的团队合作精神和跨学科的思维能力。

再次，创业教育将更加注重国际化和全球合作。随着经济全球化的不断深入，创业环境已经不再局限于单个国家和地区的范围。未来的创业教育将更加注重培养学生的国际视野和国际合作能力，通过与国外高校和企业的合作交流，让学生能够了解全球创业的趋势和机遇，提高国际竞争力。

最后，创业教育将更加注重创新思维和创造力的培养。创业本质上是一种创新的过程，创业教育应该注重培养学生的创造力和创新能力。未来的创业教育将更加注重培养学生的创新思维和创业精神，引导学生解决实际问题，培养自主创新的能力。

四、创业教育实践方法及效果要求

（一）创业教育中的实践方法

创业教育中的实践方法是指在教学过程中，培养学生的创业能力和创新思维的特定的实践活动。创业教育的实践方法的选择和设计，对于培养学生的创业意识、创新能力和实践能力起着至关重要的作用。

1. 实地考察和实践体验

通过组织学生去实地考察一些创业企业或创新园区，学生可以近距离接触到创业者的实际操作和管理经验，深入了解创业过程中的挑战和机遇。此外，学生还可以参与到一些实践项目中，充分发挥自己的创造力和团队协作能力。

2. 案例分析和模拟经营

通过研究和分析真实的创业案例，学生可以学习到创业者在面临困难和挑战时的应对策略和决策过程。同时，模拟经营活动也是一种常见的实践方法，通过模拟经营可以让学生在一个相对真实的环境中体验到创业过程中的各种问题和挑战，进而培养他们的判断力、决策能力和风险意识。

3. 创新实验和创意培植

学校可以设立创新实验室或创意工作坊，提供给学生一个创新实践的平台。学生可以自由地发挥他们的想象力进行创新实验和设计，培养他们的创新思维和解决问题的能力。

总之，创业教育中，实践方法的选择应当注重理论与实践相结合，注重培养学生的操作能力和创新意识。选择合适的实践方法，并根据学生的实际情况和需求进行有针对性的设计和组织，将有助于提高创业教育的实效性和学生的创业能力。

（二）创业教育的实践效果要求

通过创业教育，学生可以通过实践体验创造价值的过程，不仅可以获取创业的相关知识和技能，还可以培养创新思维、合作能力和问题解决能力等。创业教育的实践效果是衡量其有效性和实用性的重要指标，创业教育的实践应该要呈现出以下几条基本效果。

首先，创业教育要提升学生的实践能力。在创业的实践中，学生需要进行市场调研、商业模式设计、团队管理等一系列具体工作。通过实际操作，学生要在不断的实践中逐步提高自己的实践能力，能够更好地适应未来创业的挑战。

其次，创业教育应培养学生的创新意识和创新能力。创业教育实践中，学生需要面对各种问题和困难，需要不断地寻找新的解决方案。这种锻炼培养学生的创新思维，激发他们的创新潜力。

再次，创业教育还要培养学生的团队合作能力。创业往往需要一个团队共同合作，合理分工、密切协作是团队成功的关键。在创业教育的实践中，可以要求学生与团队成员紧密合作，共同制定计划、解决问题，提升他们的团队合作意识和能力。

最后，创业教育的实践还需促进学生的自我成长。通过创业教育，学生要能够获得对创业的深入了解和实践经验，并锻炼自己的管理能力、自我驱动力和自信心。这些都对学生未来的职业发展和人生规划具有重要的影响。

第二节　创业教育的基本理论

一、创业教育中的创新理论

（一）创新理论的概念和内涵

创新理论作为创业教育的重要基石，其概念和内涵对于理解创业教育的本质具有重要意义。创新理论是指促进创新能力和思维发展的理论框架。创新理论核心内容是创新的原则、方法和思维方式，它强调了人们从新角度看待问题、寻找解决问题的新途径的能力。在创业教育中，创新理论被赋予了更具体的含义和应用。

创业教育中的创新理论强调了创新的基本要素。创新是一个综合的过程，其中包括了新观念、新技术、新市场、新组织等不同的要素。创新理论认为，任何一种创新都是通过对这些要素的有机整合，形成了一种独特的组合，从而带来了新的价值和机会。

创业教育中的创新理论注重的是创新的方法和策略。创新是一种主动的行为，需要在问题解决的过程中运用创新方法和策略。例如，创新理论中的设计思维和敏捷开发方法都是为了在创业过程中促进创造性思维和快速迭代的能力，以应对不断变化的市场需求和竞争压力。

此外，创新理论强调创新的价值观和文化。创新并不仅仅是一种技术或者产品创新，它更涉及到一种文化和组织价值观的塑造。在创业教育中，创新理论强调了创业者应该具备的能力、意愿和机会三要素，即要培养创业者创新的能力和意愿，同时也要为他们提供充分的创新机会。

总的来说，创新理论的概念和内涵对于创业教育的发展和实践具有重要指导意义。创新理论引领着创业者的思维和行为方式，帮助他们在竞争激烈的市场环境中找到新的机会和突破口。因此，在创业教育中，我们需要深入研究和理解创新理论，将其灵活运用到教育实践中，以培养更具创新能力和创业精神的人才。

（二）创业教育中的创新理论应用

在创业教育中，创新理论被广泛应用于课程设计、教学方法和评估体系等方面，以提高学生的创新素养和实践能力。

创新理论在创业教育中的课程设计中起到了重要的指导作用。创业教育的目标之一是培养学生的创新思维和创业能力。通过运用创新理论，可以为学生提供一系列系统、全面的创新课程，包括市场分析、产品设计、商业模式创新等方面的培训。这些课程能够帮助学生理解创新的重要性，学习创新的方法和技巧，并培养他们在实践中应用创新理论的能力。

创新理论的应用决定创业教育中教学方法的选择。传统的教学方法往往偏重于知识传授，缺乏培养学生的创造力和创新能力。而采用创新理论指导的教学方法，强调学生的主动参与和实践，注重培养学生的创新意识和实践能力。教师可以采用案例分析、团队合作、角色扮演等教学手段，引导学生思考和解决实际问题，从而提高他们的创新能力和实践能力。

创新理论在创业教育中还影响着评估体系的建立。传统的评估体系往往偏重于学生的记忆和理解能力，忽视了创新能力的考核。而引入创新理论后，创业教育的评估体系将更加注重学生的创新能力和思维方式。评估方式可以包括创新项目的设计和实施、创新思维的发展和表达等方面的考核，以全面衡量学生的创新能力和实践能力。

（三）创新理论对创业教育的影响

创新理论的引入使得创业教育更加注重培养学生的创新思维和创新能力。创业并不仅仅是一个实际行动，更是一种创新的过程。通过学习创新理论，学生能够更深入地了解创新的概念和内涵，培养自己的创新能力和思维方式。

创新理论的应用丰富了创业教育的教学内容和方法。在创新理论的指导下，教师可以设计出更加创新的教学活动，激发学生的创新思维和创新潜能。例如，教师可以引导学生通过创新思维的训练和实践，探索解决实际问题的有效方法，培养学生的创新意识和行动力。

创新理论对创业教育的影响还体现在对学生创新精神的培养上。在创业教育中，创新精神被看作是成功创业的重要品质之一。创新理论的学习可以帮助学生理解创新的本质和重要性，培养他们的创新精神。通过充分培养学生的创新精神，他们可以更好地适应社会的发展和变化，为创新创业做出贡献。

二、创业教育中的创业理论

（一）创业理论的定义和特性

创业理论作为创业教育的重要组成部分，对于培养学生的创业意识、创业能力和创业精神起着重要的指导和支撑作用。在探讨创业理论的定义和特性之前，我们首先需要明确创业的含义。创业是指创造新价值、实现价值最大化的过程，是一个从无到有的创造过程。而创业理论则是指研究创业行为、创新活动和创业过程的一系列理论和观点。

创业理论具有几个主要特性。首先，创业理论是多元化的。创业不仅仅局限于某个特定领域或行业，而是涉及各个领域和行业。因此，创业理论需要涵盖不同领域和行业的特点和要求，以便更好地指导创业教育的实践。其次，创业理论是开放性的。创业不断发展变化，需要不断吸纳新的理论观点和研究成果，以适应创业环境的不断变化。因此，创业理论应该具有开放性，积极吸收各种创业观点和研究成果。再次，创业理论是实践导向的。创业理论的核心目标是指导创业实践，帮助创业者更好地进行创业活动。因此，创业理论应该注重实践的可操作性，即理论与实践相结合，能够为创业者提供切实可行的指导。最后，创业理论是具有适应性的。创业领域的发展和变化需要创业理论具有适应性，能够及时调整和更新，以适应创业环境的变化。

在创业教育中，创业理论的定义和特性对创业教育的实施策略有指导作用。通过深入理解创业理论的定义和特性，创业教育可以更好地把握创业教育的目标和内容，为学生提供更加实用和针对性的创业教育课程。同时，创业理论对创业教育效果的影响也是一个重要的研究领域。通过研究和评估创业理论在创业教育中的应用效果，可以知道创业理论对于学生创业能力的提升和创业成功的促进程度，从而进一步完善和优化创业教育的内容和方法。此外，创业理论的实证研究也是一个重要的方向。通过实证研究，可以验证和证明创业理论的有效性和实用性，为创业教育提供科学依据和理论支持。

因此，在进行创业教育时，我们需要充分理解和把握创业理论的定义和特性，将其应用到创业教育的实践中，并通过实证研究不断完善和优化创业理论的内容和方法。这样才能更好地培养学生的创业意识和能力，为他们的创业提供有力的支持。

（二）创业理论在创业教育中的应用策略

创业理论是指创业活动中所涉及的关于创业过程、创业者行为、创业环境等方面的理论体系。在创业教育中，运用适当的创业理论可以有效地引导创业者的思考和行动，提升创业教育的效果。

1. 引入创业理论的基本概念和原理

创业者需要对创业过程、创业者角色、创业环境等方面进行深入的了解和思考。通过引入创业理论，创业者可以获得更全面的创业知识，从而有助于他们更好地应对创业挑战。

2. 运用创业理论指导创业行动

创业理论不仅仅是一些抽象的概念，还包含了一系列的创业实践经验和方法。教育者可以通过案例分析、角色扮演、团队合作等方式，帮助学生将创业理论与实际创业情境相结合，培养他们实际解决问题和创新的能力。

3. 考虑创业理论的个性化运用

每个创业者都有自己的创业经历和特点，因此在教育过程中应充分尊重学生的个体差异，对创业理论的运用进行个性化调整。这可以通过专业辅导、创业导师制度等方式来实现，帮助学生根据自身情况更好地理解和应用创业理论。

4. 注重与创业实践的结合

创业理论不应仅仅停留在理论层面，而应与实际创业活动相结合。在创业教育中，可以通过创业实践项目、实习或实训等形式，让学生亲身体验创业过程，将创业理论应用于实际中，从而加深学生对创业理论的理解和掌握。

（三）创业理论学习对创业教育效果的影响

在创业教育中，创业理论的学习能够帮助学生建立起正确的创业观念和思维方式，从而提高他们的创业能力和创新能力。

创业理论能够帮助学生树立正确的创业观念。通过学习创业理论，学生能够了解到创业并不只是简单的追求经济利益，而是一种探索和创造的过程。他们能够认识到创业需要具备的品质和素质，并且能够树立起良好的创业价值观。例如，在创业理论中，强调了创业者应该具备坚持、坚韧和勇敢等品质，这将有助于学生从内心上形成对创业的追求和热情。

创业理论的学习能促进学生的全面发展。创业理论中涉及到创业的各个方面，如商业模式、市场分析、风险管理等，学生通过学习创业理论可以深入了解这些领域的知识，从而提高他们的综合能力。同时，创业理论也注重培养学生的创新思维和解决问题的能力，通过创业理论的学习，学生能够学会透过现象看本质，能够从不同的角度思考问题，并能够灵活应对复杂的创业环境。

创业理论也能够帮助学生建立起团队合作的意识和能力。在创业过程中，团队合作是至关重要的，创业理论通过讲解团队管理、沟通协作等内容，培养学生的团队意识和合作能力，使得他们能够更好地在创业团队中发挥自己的优势，共同迈向成功。

三、创业教育中的学习理论

（一）学习理论的基本原则

学习理论是创业教育中的重要理论基础，它提供了指导学习过程的原则和方法。在创业教育中，学习理论的基本原则可以帮助学生更有效地进行学习，提升他们的创业能力。

1. 强调学习的主动性

创业教育不仅仅是传授知识，更重要的是培养学生的创业精神和能力。学习者应该积极主动地参与学习过程，通过实践和反思不断提升自己的创业技能和思维方式。

2. 强调学习的个体化

每个学习者都拥有独特的学习方式和需求，创业教育应该根据学生的个体差异进行个性化指导。教师可以通过了解学生的兴趣、能力和学习风格，提供适合他们的学习资源和活动，以促进他们在创业教育中的发展和成长。

3. 强调学习的合作性

创业往往不是一个人能够完成的，而是需要与他人合作的。在创业教育中，学生应该培养合作的意识和能力，通过与他人合作解决问题、分担风险，实现共同的创业目标。教师可以组织学生进行团队项目，培养他们的团队合作和沟通能力。

4. 强调学习的连贯性

创业教育是一个持续性的过程，学生的学习应该是一个不断迭代的过程。他们应该通过不断地反思和调整，不断完善自己的创业思路和行动计划。创业教育不仅仅是一次性的知识传递，更重要的是培养学生的创新能力和创业思维。

总之，学习理论的基本原则对于创业教育的实施有着重要的指导意义，在实践中，教师们应该根据学习理论的原则，设计相应的教学策略和活动，为学生的创业教育提供有力支持。

（二）学习理论在创业教育中的应用

学习理论是研究个体如何获取知识和技能的理论，在创业教育中，对于创业者的培养和发展具有重要的指导意义。

1. 基于认知学习理论的应用

创业教育可以通过帮助学生自主探索、发现问题、解决问题来培养创业者的创新能力和问题解决能力。在课堂教学中，教师可以采用启发式教学、案例研究等教学方法，鼓励学生主动参与到创业实践中，通过实际操作和体验来提升创业能力。

2. 社会认知理论在创业教育中的应用

创业过程中，创业者需要与不同的人群进行合作和沟通，这就要求创业者具备一定的社交能力和团队合作能力。创业教育可以通过团队合作项目、角色扮演等方式，培养学生的社交能力和团队合作精神，使其在创业过程中能够更好地与他人合作。

3. 建构主义学习理论的运用

创业过程中，创业者需要快速了解市场需求、抓住机遇和创造价值，这就要求他们具备快速学习的能力。建构主义学习理论认为学习是通过个体与环境的互动来构建知识和理解的过程。因此，在创业教育中，教师可以组织学生参与市场调研、模拟创业等实践活动，借助于真实的创业环境来培养学生的快速学习能力。

综上所述，学习理论在创业教育中的应用是多样而丰富的。因此，在创业教育中，教师应该合理运用学习理论，设计切实有效的教学方法，提升学生的创业素养，为他们成为优秀的创业者打下坚实的基础。

（三）学习理论对创业教育的指导

在创业教育中，学习理论可以为教师提供指导和引导，为学生提供有效的学习策略和方法。

首先，学习理论强调学生主动参与和自主学习的重要性。创业教育要培养学生的创新思维和实践能力，这需要学生积极参与到创业实践中去。通过学习理论的指导，教师可以引导学生从被动接受到主动探索，在实践中不断积累经验和知识，提高创业能力。

其次，学习理论强调学习环境的重要性。在创业教育中，为了更好地激发学生的创造力和创新能力，需要提供积极的学习环境。学习理论提醒我们，创业教育应该提供开放、包容、鼓励探索的学习环境，让学生能够自由地提出问题、表达观点，与他人进行积极的互动和合作，促进创意的产生和创业思维的培养。

再次，学习理论强调学习的反馈和评价的重要性。创业教育需要给予学生及时的反馈和评价，帮助他们更好地认识自己的优势和不足，不断反思和改进。学习理论提出了多种形式的反馈和评价方式，例如指导性反馈、同伴评价和自我评价等。在创业教育中，可以运用这些学习理论的原则，为学生提供有针对性的反馈与评价，激发他们的学习动力和创业潜力。

最后，学习理论强调学习的过程性和发展性。创业教育是一个长期的过程，学生在其中需要不断地学习、实践和反思。学习理论提醒我们，学生的学习过程应该是循序渐进的，并且应该注重个体的差异性。在创业教育中，可以根据学生的个性和兴趣，采用个性化的学习计划和内容，让学生在创业的过程中逐渐成长和发展。

总之，在高职教育的创业教育中，通过学习理论的指导，可以建立起有效的创业教育模式和方法，培养学生的创业精神和创新意识，提高他们的创业能力和素养。因此，在创业教育中要充分运用学习理论的原则和方法，为学生的创业之路提供有力的支持和正确指导。

第三节　高职创业教育实践

一、高职创业教育的现状与问题

（一）高职创业教育的现状

1. 高职创业教育的发展迅速

随着社会经济的不断发展，越来越多的人意识到创业能力的重要性。高职创业教育作为培养学生创业能力的重要途径，受到了广泛关注。许多高职院校纷纷开设创业教育课程，组织创业实践活动，为学生提供创业的平台和资源。

2. 高职创业教育的内容丰富多样

高职创业教育的课程设置涵盖了创业理论知识、市场营销、财务管理等，同时也包括创业案例分析、创业计划书的撰写、创业项目的实施等实际操作。这些丰富的内容为学生提供了全面系统的创业教育。

3. 高职创业教育的实践环节丰富

为了增强学生的创业实践能力，高职创业教育设置了丰富多样的实践环节。包括实训基地的建设、学生实习的组织安排、校企合作项目的实施等。学生通过这些实践环节，能够更好地将理论知识应用到实际操作中，锻炼创业的实际能力。

4. 高职创业教育的成效初显

经过多年的发展，高职创业教育的成效已经初显。许多学生在毕业后能够成功创业，创业教育的成效也得到了社会的认可和肯定，许多企业对于有创业经验的毕业生有更多的招聘倾向。

（二）高职创业教育存在的问题

高职创业教育作为培养创业能力的重要环节，目前存在一系列问题。首要的问题是创业教育的理论与实践脱节。在高职院校中，创业教育更注重理论传授，而缺乏与实践相结合的机会。学生在创业教育过程中缺乏真实的创业体验，导致不能将理论知识与实际操作相结合。这使得学生对于创业过程中的实际问题缺乏深入的理解，不知道如何应对实际挑战。

其次，高职创业教育缺乏与行业对接的问题也日益突出。由于高职院校与实际行业之间的联系较弱，学校往往缺乏对行业发展和市场需求的准确了解。因此，学生所接受的创业教育往往与实际行业需求相脱离，缺乏针对性和实践性。这使得学生在毕业后面临着实际创业困难，无法顺利将创业理念转化为实际成果。

再次，高职创业教育中的导师资源不足也是一个亟待解决的问题。导师在创业教育过程中十分重要，他们拥有丰富的实践经验和专业知识，能够指导学生面对创业挑战。然而，目前高职院校中的创业导师较少，难以满足学生的个性化需求。这导致学生在创业教育过程中缺乏有效的指导和帮助。

最后，高职创业教育评估机制不完善也是一个需要关注的问题。目前的评估方式主要以学生的创业项目成果作为衡量标准，忽视了学生创业过程中的能力培养与成长。此外，评估过程中缺乏专业的评估标准和方法，容易导致不公正的评判结果。因此，亟需建立一个科学、全面的评估机制，以确保高职创业教育的质量和效果。

二、高职创业教育的策略与方法

（一）创业理论教学策略

在高职创业教育领域，理论策略的制定对于培养学生的创业意识、创新思维和创业能力至关重要。根据实践经验和理论研究，可以采用以下策略来进行创业教育。

通过开展专题讲座和学术研讨会，引入创业教育的最新理论和观念。包括创业过程的要素、机会识别和创新思维等内容。通过让学生了解创业理论的基本概念和原则，可以培养他们的创业思维，提高创新意识。

重视实践案例的分析和讨论，帮助学生更好地理解和应用创业理论。通过分析成功或失败的企业案例，学生可以深入了解成功创业所需的因素和失败经验教训。这样，学生不仅可以学习先进的创业理论，还可以通过实例分析来培养自己的判断力和决策能力。

（二）创业教育的重点

在高职创业教育中，通过实践，学生能够锻炼创业能力、积累实际操作经验，提升创业意识和创造力。因此，创业教育的实践需要注重培养学生的动手能力和实践能力。

创业教育应注重项目实战。通过实际的创业项目，学生可以亲身经历从项目策划到实施、经营管理的全过程。例如，学校可以与当地企业合作，让学生参与到实际的项目中，让他们负责一定的业务模块，如市场调研、产品设计、运营管理等。这种直接参与实践的方式可以帮助学生全面理解创业的各个环节，提升他们的实际操作能力。

创业教育应注重创意的培养与激发。创新创意是成功创业的关键要素，因此创业教育应该致力于培养学生的创新思维和创业精神。针对这一点，我们可以运用一系列的教学方法和实践活动。比如，可以组织学生进行创业项目策划比赛，鼓励他们提出创新的创业项目，激发他们的创造力。此外，还可以开展创意工坊、创新实验等活动，提供一个创意交流的平台，促进学生的创意共享与碰撞。

创业教育还应注重培养学生的团队合作精神和沟通能力。创业往往是一个团队合作的过程，而团队合作的效果与成员之间的沟通协调密切相关。因此，在创业教育中，可以组织学生参与到团队项目中，让他们在团队合作中切身体验到团队合作的重要性。同时，可以开设一些沟通技巧培训课程，帮助学生提升沟通能力和团队协作能力。

（三）创业教育中的教学模式

创业教育中的教学模式直接关系到学生获得创业知识和能力的效果，以及他们发展创业意识和创新精神的程度。因此，设计科学、有效的教学模式对于高职创业教育的成功至关重要。

1. 基于项目驱动的教学

在这种模式下，教师将学生分组，每个小组负责一个创业项目。学生在项目中扮演创业者的角色，通过调研、分析市场、制定商业计划等步骤来实践创业过程。这种模式强调学生的主动参与和实践经验的积累，使他们能够更深入地了解创业的各个环节，并锻炼创业能力。同时，通过小组合作，学生还有机会培养团队合作和沟通能力。

2. 基于案例研究的教学

在这种模式下，教师将真实的创业案例引入课堂，让学生针对案例进行分析和讨论。学生通过研究和分析不同的创业案例，可以了解创业者在面对问题和挑战时的思考和行动方式，通过模拟创业过程来加深对创业知识和技能的理解。这种模式能够培养学生的逻辑思维和问题解决能力，使他们具备在实践中灵活应对不同情况的能力。

3. 基于行业实训的教学

这种模式强调学校与行业的紧密合作，通过与企业合作，为学生提供创业实践的机会。学生可以在企业中实习或参加实际项目，深入了解行业的运作和实际情况。在实训中，学生可以将所学知识应用到实践中，提升实际操作能力和创新能力。这种模式培养学生的实践能力和创新思维，将他们与创业方面相关的领域紧密结合起来。

三、高职创业教育中的评价与改进体系

（一）高职创业教育的评价体系

在高职创业教育中，评估的目的是为了全面了解教育的实施效果与成效。评价体系对于高职创业教育的质量提升和改进具有重要意义。下面将从几个方面介绍高职创业教育的评价体系。

高职创业教育的评价体系包括对学生创新创业意识和技能的评估。高职院校的创业教育旨在培养学生的创新意识和创业技能，因此评价体系应该关注学生在这方面的表现。可以通过测验、作业、案例分析等方式来评估学生对创新创业的理解程度，并对他们的实际操作能力进行评估。这样的评价方式能够客观地反映学生在创新创业方面的成长和进步。

高职创业教育的评价体系还应该考虑到学生对市场需求的了解和应对能力。创业教育的目标是培养学生成为具有创新精神和市场敏感性的创业者。评价体系可以通过实地考察、市场调研等方式来评估学生对当前市场的了解程度和对市场需求的判断能力。同时，对学生的实践操作也应该进行评估，以考察他们在应对市场变化和解决问题方面的能力。

高职创业教育的评价体系还应该关注教学资源的充实度和有效利用程度。教学资源的充分利用对于保证教学质量和教育效果至关重要。评价体系应对教师的教学能力和教学资源的调配情况进行评估。例如，可以通过课堂观察、师生互动等方式来评估教师的教学质量，评估教学资源的充分利用情况。

高职创业教育的评价体系还应该考虑到学校与社会合作的情况。创业教育需要与社会资源有机结合，为学生提供实践机会和创业支持。评价体系应对学校与企业、创业支持机构等合作的评估，以及对学生实习经历和创业项目的评估。这样可以评估学校与社会合作的成效，以及学生在实践环境中的表现。

（二）高职创业教育中的评价与反馈

正确的评价方法能够客观、全面地评估学生的创业能力和创业素养，为高职创业教育的改进提供科学依据。下面将探讨高职创业教育中评价与反馈的关键方向。

1. 注重综合评价

传统的评价方法往往过于关注学生对理论知识的掌握，忽视了学生的实际操作能力和创新能力。因此，我们可以采用综合评价的方法，对学生的课堂表现、实践项目成果以及创新创业能力等方面进行综合考察。例如，可以通过学生的课堂讨论表现、创业项目检查、创新案例分析等方式，来评估学生在不同方面的表现。

2. 注重实践评估

创业是实践性很强的活动，仅通过笔试考核是无法全面评估学生的创业能力的。因此，我们可以采用实践评估的方法，例如通过创业实训、创新项目等方式来考核学生的实际创新创业能力。这样能够更加真实地反映出学生在创业实践中的表现和能力。

3. 注重个性化评价

不同学生具有不同的创业兴趣、特长和发展方向，传统的评价方法可能无法充分发现和发展学生的个性化优势。因此，我们可以采用个性化评价的方法，例如通过学生自主选择的创业项目、创意作品等方式来评估学生的个性化表现和创新创业潜力。这样能够更加充分发挥学生的个性特点，促进他们在创业教育中的发展。

4. 注重反馈与改进

评价不仅是对学生的一次总结，更是为了促进学生进一步的成长和发展。因此，我们要注重评价结果的及时反馈，并针对评价结果提出改进方案。例如，可以组织学生进行自我评价和互评，让学生学会自我反思和改进。同时，也可以通过定期的教师指导和辅导，帮助学生克服评价结果反映出来的不足，并指导他们制定个人的成长计划。

（三）高职创业教育的改进策略

1. 完善师资培训与引进机制

高职创业教育的发展需要不断加强师资队伍建设。当前，高职院校的师资力量在创业教育方面还存在一定的不足，主要体现在教师的理论与实践结合能力、创新创业经验以及观念转变等方面。因此,重点加强对创业导师的培训与引进工作显得尤为重要。

针对这一问题,可以通过建立完善的师资培训与引进机制来改进高职创业教育。首先,可以组织专门的培训班,邀请国内外创业教育领域的专家学者为高职院校的教师进行培训,提升他们的理论水平和教学能力。其次,可以引进优秀的创业导师来指导学生的创业实践,为学生提供真实的创业经验和案例,以激发学生的创业意识和创新能力。

2. 增加实践环节

除了完善师资培训与引进机制,还可以加强高职创业教育中的实践环节,使之更加贴近实际、有针对性。在实践环节中,学生可以参与到真实的项目中,亲身体验实操的过程,增强实践能力。

为此,高职院校可以与企业合作,开展实践项目。学生可以在企业的指导下,了解项目的运作流程、市场竞争、风险管理等方面知识,同时可以参与到项目中实际操作,学习如何制定创业计划、进行市场营销等创业技能。这样的实践环节不仅有助于学生的知识转化,也有助于他们提高创新思维和解决问题的能力。

3. 建立创业资源支持平台

另外,还需要建立起完善的创业资源支持平台,为学生提供创业所需的资源和支持。这包括资金支持、技术支持、市场信息提供等方面。

高职院校可以与当地政府、创业孵化机构等进行合作,共同建立创业资源支持平台。该平台可以为学生提供资金支持,例如设立创业奖学金、创业贷款等,以帮助学生解决资金问题。同时,平台也可以为学生提供技术支持,例如提供相关的创业培训、创新技术咨询等。此外,平台还应该与当地企业建立紧密的合作关系,为学生提供市场信息和商业机会等。

第四章 高职创造教育

第一节 创造教育概述

一、创造教育的定义与发展历史

（一）创造教育的定义

创造教育被广泛认为是一种培养学生创造力的教育形式。创造教育的定义可以从不同角度进行解读。从教育视角来看，创造教育是指通过相关的教学方法和课程设计，在学生的学习过程中注重培养其创造思维和创新能力。这种教育模式强调培养学生的自主学习能力、解决问题的能力以及对新事物的接纳和创造。从心理学角度来看，创造教育是指通过提供启发性的学习环境，激发学生的好奇心和想象力，培养他们独立思考和表达的能力。在这种教育中，学生被鼓励去试错、冒险和创新。从社会经济角度来看，创造教育是指培养学生，使其具备创造力和创新能力，以适应社会经济发展的需要，同时为社会创造价值和贡献。可以说，创造教育是一种综合性的教育，旨在促进学生全面发展。

在当今的知识经济社会中，创造力已被认为是一种重要的竞争力和核心能力。创造教育可以帮助学生培养创新思维和解决问题的能力，同时也能培养学生的团队合作、沟通和领导能力。在这个日新月异的时代，创造教育越来越被重视，在培养创造性人才和推动社会发展方面发挥着重要的作用。

（二）创造教育的起源

创造教育的起源可以追溯到古代教育的实践和哲学思想中。在古希腊时期，柏拉图提出了"灵魂的艺术"的概念，强调个体的创造力的培养。他认为，创造是灵魂的核心和最高价值，而教育应该致力于培养学生的创造能力。这种思想在古代教育中得到了一定程度的实践，但并没有成为主流。

在20世纪中叶，创造教育的概念和理念得到了更深入的研究和发展。美国心理学家将创造定义为"产生新颖而有价值的思想、作品或解决问题的过程"，并提出了培养创造力的方法。他强调抓住机会、培养观察力、鼓励尝试和失败，以及在教学中注重想象力和独立思考。

创造教育的起源还可以追溯到一些创新教育实践的兴起。例如，芬兰教育系统被认为是世界上最成功的教育系统之一，它注重培养学生的创造力和创新能力。芬兰的教学方式强调问题解决、实践操作和团队合作，鼓励学生自主学习和思考。这种实践模式为创造教育提供了有益的参考和借鉴。

（三）创造教育的发展历程

在进入 21 世纪之前，创造教育并没有受到足够的重视。然而，随着社会的发展和教育理念的变革，创造教育开始引起各界的关注。从 20 世纪末到 21 世纪初的这一时期，创造教育经历了一个持续发展的过程，逐渐成为教育改革的热点之一。

在创造教育的发展历程中，一开始，人们对创造教育的认识还比较模糊。很多教育工作者和研究者开始关注创造力在教育中的作用，提出了创造教育的概念。他们认为创造教育是一种能够培养学生创新能力、创造力和创造性思维的教育方式和方法。

随着对创造教育定义的明确，更多的研究开始着眼于创造教育的起源，探索创造教育的渊源和发展。在这个阶段，教育史上的一些先驱性人物和思想逐渐被重新发现和研究。他们的教育理念和实践对于创造教育的形成和发展起到了重要的推动作用。

随着创造教育理论的丰富和发展，创造教育开始在实践中得到应用，并取得了一定的成果。越来越多的学校开始关注创造教育的实施，采用了不同的方法和策略，如问题解决式学习、启发式教学等，来激发学生的创造潜能和创造力。同时，一些研究机构和学者也开展了大量的实证研究，探索创造教育的有效性和影响。

近年来，创造教育在教育改革中的地位和影响力逐渐提升。越来越多的教育机构和教育政策开始重视培养学生的创造能力，将创造教育纳入到教育目标和课程体系中。一些国家和地区还出台了一系列相关政策和举措，以推动创造教育的发展和实施。

二、创造教育的理论基础

（一）创新理论

在创造教育的理论基础中，创新理论扮演着重要的角色。创新理论强调的是创造力的培养和发展。创新理论认为创造力是一种独特的能力，它不仅仅是解决问题的能力，更是在面对新情境和挑战时寻找新的解决方案的能力。

创新理论基于对创造过程的研究和分析，揭示了创造力的本质和发展规律。其中，托里亚斯模型是一种常用的创新理论，它将创造过程分为问题定义、信息获取、思维加工、产生创造性解决方案和评价实施等阶段。

托里亚斯模型的第一阶段是问题定义，它强调培养学生对问题的敏感性和发现问题的能力。问题定义阶段的关键在于培养学生发现问题的能力，从而激发他们的创新潜能。在教育实践中，可以通过给学生提供多样化的问题情境，引导他们提出问题的思路和方法来培养他们的问题定义能力。

第二阶段是信息获取，它强调培养学生获取和整合信息的能力。信息获取阶段是创新过程中获取和积累知识的重要环节。在教育实践中，可以通过引导学生开展实地考察、进行文献研究、进行专家访谈等方式来培养学生的信息获取能力。同时，教师还可以通过引导学生运用不同的信息获取方法，如观察、实验、测量等，以促进学生的创新思维和动手能力的发展。

第三阶段是思维加工，它强调培养学生的创造性思维和问题解决的能力。思维加工阶段是创新过程中进行问题分析和找出解决方案的重要环节。在教育实践中，可以通过创设情境、提出挑战等来引导学生分析问题，运用各种方法和技巧来培养学生的思维加工能力。

第四阶段是产生创造性解决方案和评价实施。这个阶段需要学生将思维加工的结果转化为具体的解决方案，并进行评价和实施。在教育实践中，可以通过设计创新实践项目、进行团队合作、评价和改进方案等方式来培养学生的解决问题的能力和实践创新的能力。

总结而言，创新理论通过对创造过程的阐释和研究，为创造教育提供了重要的理论支持。在教育实践中，教师应充分运用创新理论的原则和方法，培养学生的创新力和解决问题的能力，为他们未来的发展打下坚实的基础。

（二）教育学理论

在创造教育中，教育学理论提供了关于教育过程和教育活动的系统理解和解释。它为创造教育提供了指导和支持，帮助我们理解创造力的培养和发展在教育实践中的关键性。

首先，教育学理论强调了个体发展与学习的密切关系。根据教育学理论，个体的发展是通过对新知识和经验的学习来实现的。这意味着创造教育需要为学生提供充分的学习机会和适当的学习环境，以促进创造力的培养和发展。

其次，教育学理论强调了个体的主动参与和自主学习的重要性。在创造教育中，学生不仅仅是被动的接受者，而是积极参与到学习过程中。教育学理论提醒我们，学生需要有自主选择的权利和能力，以便他们能够在学习中体验和发挥个性和创造性。

再次，在教育学理论中的社会文化理论也被广泛应用于创造教育的研究和实践中。社会文化理论认为，个体的学习和发展是与社会和文化环境密切相关的。因此，为了推动创造教育发展，我们需要创建一个支持学生创造活动的社会文化环境。这包括学校、家庭和社区的合作与支持。

最后，教育学理论强调了教师的重要作用。教育学理论提醒我们，教师作为创造教育的实施者和引导者，需要具备相关的专业知识和技能。他们需要了解创造力的培养和发展的理论知识，同时也需要掌握教育实践中的有效策略和方法。只有这样，教师才能够在教育实践中激发和引导学生的创造潜能。

（三）心理学理论

在创造教育中，心理学理论为我们深入了解人类的思维、情感和行为提供了科学的方法和理论框架。它帮助我们认识到个体在创造过程中所面临的心理障碍，以及帮助我们激发个体的创造潜力。

心理学中的认知心理学为我们提供了关于思维过程的知识。在创造过程中，思维起着至关重要的作用。认知心理学研究表明，创造性思维与非创造性思维有所差异。创造性思维与问题的重新定义、灵活的思维方式和新颖的观察角度相关。心理学的认知心理学理论告诉我们，通过培养个体的观察力、想象力和批判性思维能力，可以促进创造性思维的发展。

心理学中的社会心理学为我们提供了关于人际关系和社会影响的知识。创造不仅是个体的内在能力，也与外部环境和人际交往密切相关。社会心理学研究表明，个体所处的社会环境和他们与他人的互动对创造力的发展具有重要影响。个体在创造过程中需要得到他人的支持和认可，也需要与他人合作和交流。心理学的社会心理学理论告诉我们，通过创造积极的学习和工作环境，建立互信和合作的氛围，可以促进个体的创造力的发挥。

心理学中的发展心理学为我们提供了关于个体发展和成长的知识。创造力不是一种与生俱来的能力，而是可以通过教育和培养得到发展。发展心理学研究表明，个体在不同的发展阶段有着不同的发展特点和需求。通过了解个体发展的规律，可以有针对性地提供创造教育，促进个体的创造力发展。心理学的发展心理学理论告诉我们，创造教育需要根据个体的发展需要和个性特点，提供具有个体差异性的教学和培养方法。

三、创造教育的重要性

（一）对个人发展的重要性

1. 能够培养个人独立思考的能力

通过进行各类创造性的活动，个人能够锻炼自己的思维能力和创造力，提高问题解决的能力。这不仅有助于个人在学习和工作中更加出色，还能够培养个人的自信心和自主性，从而在个人发展中起到积极的推动作用。

2. 激发个人的潜能和创造激情

在创造性的活动中，个人可以充分发挥自己的想象力和创造力，激发自己内在的潜能。这种激发潜能的过程既能够提高个人的艺术和智力水平，也能够提高个人的情商和创新能力。因此，创造教育对于发现和培养个人的潜力非常重要。

3. 培养个人的团队合作和沟通能力

在创造性的活动中，个人往往需要与他人紧密合作，共同完成一个创造性的任务。这种合作过程不仅能够加强个人的团队合作和协作能力，还能够提高个人的沟通和交流能力。这对于个人在日后的工作和生活中都具有重要的意义。

4. 培养个人解决问题的能力和创新能力

在创造性的活动中，个人常常需要面对各种各样的问题，并找出创新的解决方法。通过不断地解决问题和进行创新，个人能够提高自己解决问题的能力和创新能力，从而在面对各种挑战时能够更加从容和灵活地应对。

（二）对社会进步的重要性

1. 培养创造力和创新精神，推动社会进步

在当今快速发展的社会中，创造力和创新能力是驱动社会进步的重要动力。只有通过创造性思维和创造的实践，社会才能实现不断创新、不断进步的发展。创造教育的核心目标是培养学生的创造力和创新意识，激发他们去探索未知领域，这将为社会的进步注入源源不断的活力。

2. 促进了社会的多元发展

创造教育倡导尊重个体差异和多元性发展，鼓励学生在不同领域展示自己的才华和创造力。社会进步需要不同领域的专业人才，而创造教育则为不同领域的人才培养提供了有力支持。通过创造教育，不同背景、不同能力的学生都有机会展示自己的才华，为社会的多元发展做出贡献。

3. 培养了社会的创新能力和自主发展能力

创造教育注重培养学生的独立思考和自主创新能力，鼓励他们主动参与问题解决，为社会发展献力。通过培养学生的创新能力，社会可以更好地应对各种挑战和困难，掌握自己的命运。只有培养自主创新能力的人才，才能适应和推动社会的快速变革，为社会的持续进步做出贡献。

（三）对经济发展的重要性

随着科技的进步和全球化的加深，经济的竞争越发激烈，创造力成为推动经济增

长、提升竞争力的重要驱动力。以下将从创新能力培养、产业升级、就业机会和经济增长四个方面阐述创造教育对经济发展的重要性。

首先，创造教育培养学生的创新能力，对经济发展起到积极的促进作用。创新能力是指个体面对新问题或新情境时能够提出独创性的解决方案的能力。创造教育通过激发学生的想象力、培养灵活思维、培养勇于挑战传统观念的精神，提升学生的创造力和创新能力。这种创新能力在经济中表现为创造新产品、新技术、新业态等，推动产业不断向高附加值方向发展。

其次，创造教育对产业升级具有重要意义。随着全球经济的变革和科技的进步，传统产业面临着巨大的挑战。只有通过创新的发展，传统产业才能实现升级转型。通过创造教育，可以培养创新型人才，推动企业转型升级，加快科技创新的步伐，为产业的发展注入新的活力。

再次，创造教育对就业机会的创造具有积极的推动作用。随着经济的发展，创新型人才成为各行业迫切需要的对象。创造教育能够培养学生独立思考、自主创业的能力，使他们更具有竞争力，能够在激烈的就业市场中立于不败之地。

最后，创造教育对经济增长具有直接的推动作用。经济增长需要不断的技术进步和创新带来的效益。创造教育培养了大量的科研人才和创新团队，推动了科研成果的转化和商业化应用。通过科技创新，企业能够提高生产效率，优化产品质量，降低成本，获得更高的经济效益。创造教育在为经济增长注入新动力的同时，也为社会创造了更多的财富。

（四）对科技创新的重要性

科技创新是现代社会发展的重要引擎，对经济增长、社会进步和国家竞争力的提升起到关键性的作用。创造教育的重要性在科技创新领域尤为突出。

首先，创造教育能够激发学生的创造力和创新思维，培养他们在科技领域中的探索精神。科技创新需要创造性思维和独立思考，而创造教育能够引导学生培养自己的观察力、思考力和解决问题的能力。通过开展创造性的实践活动，如科研项目、科技竞赛等，学生可以自主发展和运用自己的知识和技能，从而培养出对科技创新的热情和动力。

其次，创造教育可以提供实践平台，让学生学以致用，将理论知识运用到实际问题中。科技创新需要实践经验和技术能力的支持，而创造教育可以为学生提供各种实践机会。例如，学生可以参与科学研究团队，亲身体验科技创新的全过程——从问题的提出到实验设计、数据分析和成果展示。通过实践，学生能够更加深入地了解科技创新的本质和方法，培养出科技创新的实践能力。

再次，创造教育有利于培养学生的团队合作精神和创新协同能力。科技创新往往需要多学科的交叉和合作，在面对复杂的问题时，个体的创新能力往往是不够的，需要团队的合作和协同。创造教育注重培养学生的合作意识和团队协作能力，让学生在团队中扮演不同的角色，学会倾听和尊重他人的意见，培养合作解决问题的能力。

最后，创造教育可以培养学生的创新创业精神，为科技创新提供人才支持。创新创业是推动科技创新向实际应用转化的重要环节，而创造教育可以增强学生对创新创业的理解和培养他们的实践能力，为科技创新提供创业队伍和创新项目。

四、创造教育的原则和方法

（一）创造教育的教学原则

创造教育的教学原则是指在实施创造教育过程中，教师应遵循的一些基本原则。这些原则能够指导教师在教学中更好地培养学生的创造思维和创新能力。下面将介绍几个重要的创造教育的教学原则。

1. 给予学生更多的自主性和自由空间

这意味着教师应该放手让学生自己去探索、实践和创造。教师可以提供适当的指导和支持，但要尽量避免对学生过多的干预和限制。例如，在课堂上，教师可以组织学生进行小组合作，让他们共同解决问题，适时给予一些指导即可。

2. 培养学生的批判思维和解决问题的能力

教师应引导学生进行批判性思考，培养他们对问题的分析和解决能力。例如，教师可以给学生提出一些开放性的问题，鼓励他们自由思考和表达意见，在解决问题的过程中锻炼他们的批判思维能力。

3. 注重跨学科的整合

创造性的思维和创新能力涉及到不同学科的知识和技能。因此，教师应该引导学生在学习过程中将不同学科的知识进行整合和应用。例如，可以组织学生进行跨学科的项目探究，让他们在实践中掌握多领域的知识和技能。

（二）创造教育的教学方法

在创造教育中，采用一系列科学有效的教学方法，可以促进学生的创造思维和创造能力的发展，使其在学习过程中充分展现个性和潜能。

1. 启发式教学

启发式教学是一种重要的教学方法，它鼓励学生主动思考和提出问题。在创造教育中，教师可以利用启发性教学方法引导学生发现问题、分析问题、寻找解决问题的方法。

2. 探究式教学

给予学生自主学习的机会和空间，让他们通过实践、观察、实验等方式深入了解和探索知识。在探究式教学中，学生可以自由选择研究课题，通过实际操作和探索，进行创造实践。

3. 其他教学方法

在创造教育中，教师还可以采用多媒体教学、案例教学、问题解决教学等多种教学方法，以激发学生的创造潜能和培养他们的创新能力。

第二节　创造教育在高职教育中的地位与作用

一、创造教育在高职教育中的地位

创造教育是培养高职学生创新能力和创造力的有效途径。高职学生在接受职业教育的过程中，不仅需要掌握一定的专业知识和技能，更需要具备创新思维和创造能力，以适应快速变化的职业环境。创造教育通过开展各类创造性实践活动，能够激发学生的创造潜能，提高其解决问题和创造发展的能力。

创造教育是高职教育追求全面发展的需要。高职教育的目标不仅仅是培养学生的专业能力，更要关注其综合素质的提升。创造教育注重培养学生的独立思考能力、创新精神和创造能力，这些能力和素质都是现代社会对高职人才的热门需求。通过创造教育的引导和培养，高职学生能够更好地适应职业发展需求，具备更强的竞争力。

创造教育在促进高职教育改革和发展中扮演着重要角色。当前，教育改革的呼声日益高涨，高职教育亦不例外。创造教育作为一种创新的教育形式，能够为高职教育的改革提供有力的支持。它打破了传统的教育模式，强调学生的参与性和创造性，能够激发学生的学习兴趣和潜能，提升教育质量和效果。

未来，随着社会的发展和职业需求的变化，创造教育在高职教育中的地位将进一步凸显，更多的高职院校将积极推行创造教育，为学生的职业发展和社会进步做出积极贡献。

二、创造教育在高职教育中的作用

创造教育作为一种独特的教育理念和方法，在高职教育中具有重要的作用。首先，创造教育可以培养学生积极主动的创造能力。高职院校的培养目标是培养具有实践能力和创新能力的高素质人才，而创造教育可以激发学生的创造潜能，培养他们的创新思维和创造能力。

其次，创造教育可以促进学生的综合能力发展。创造性思维的发展和创造性问题解决需要学生运用多学科综合知识和技能，培养学生的综合能力。高职教育强调职业能力培养，创造教育可以有效地促进学生各方面能力的综合发展。例如，在工程技术类专业教学中引入创造教育，可以使学生在学习过程中不仅掌握技术知识，还能培养解决技术问题的能力和对新技术的创新应用能力。

再次，创造教育中的创造性实践活动可以培养高职学生解决实际问题的能力，使他们能够将所学知识和理论应用到实践中去。在高职教育中引入创造教育，可以通过实训、实习、项目等实践活动，让学生在实践中锻炼能力，提高解决问题的实际操作能力。这样既能丰富学生的实践经验，又能增强他们的自信心和职业素养。

最后，创造教育可以促进高职教育教学目标的实现。高职教育的目标之一就是培养创业型人才，而创造教育恰恰能够培养学生的创业意识和创新精神。通过创造性实践活动，学生能够接触到真实的创业环境，培养其打破传统思维，敢于创新和创业的勇气和思维方式。

（三）创造教育在高职教育中的应用

创造教育作为高职教育领域中的重要组成部分，其应用在实际教学中的效果和价值不容忽视。下面将通过几个实例来具体分析创造教育在高职教育中的应用。

以计算机科学专业为例。在学习计算机编程的过程中，传统的教学方法往往着重于知识的传授和解决问题的方法。然而，通过引入创造教育的理念，学生被鼓励自主探索，提出新的编程思路和解决方案。这样的实践培养促进学生的创造力和创新意识的发展，提高了他们在实际工作中的适应能力。

以酒店管理专业为例。在酒店管理领域，创造性思维和创新能力对提高服务质量和创造独特的客户体验有很大影响。通过培养学生的创造意识，他们可以思考如何以不同的方式满足客户需求，并提供独特的服务。例如，教师组织学生针对特定的酒店场景制定创新方案，如改善服务流程、提升员工素质等。这样的实践让学生在实际操作中体会到创造性行为的价值，并为其未来的职业发展奠定了坚实的基础。

（四）创造教育对高职教育质量的影响

创造教育能够培养学生的创新思维和创新能力，这对于提高高职教育的质量至关重要。创造教育注重培养学生的独立思考能力和问题解决能力，这样一来，学生在学习过程中能够更好地理解和应用所学知识，从而提高高职教育的实际效果。

创造教育能够促进学生的综合能力发展，进一步提升高职教育的质量。创造教育注重培养学生的创造能力、团队合作能力以及创新意识，使得学生能够在实际工作中快速适应，具备较强的综合素质。这对于高职教育来说，能够更好地培养出适应社会需求的高素质人才。

　　创造教育还能够增强学生的自主学习和自我发展能力，这对于高职教育质量的提升也起到了积极的作用。创造教育倡导学生主动参与、自主学习，通过开展创新性实践活动，让学生能够全面发展自己的能力和技能。学生通过实践活动，能够更好地了解自己的学习兴趣和优势领域，并采取相应的学习方法和策略，从而提高学习效果，为自身的发展打下坚实的基础。

　　总的来说，创造教育对于高职教育的发展和教学质量提升有着重要的影响。然而，要充分发挥创造教育对高职教育质量的影响，需要学校和教师进一步加强对创造教育的理论研究和实践探索，提供合适的教育环境和机制，促进学生的创新能力与实践能力的培养。只有这样，创造教育才能真正发挥其在高职教育中的作用，提升高职教育的质量，推动高职教育的发展。

第三节　高职创造教育的目标和教学策略

一、培养创造思维

（一）创造思维的定义与特性

　　高职的创造教育的重要目标之一就是培养学生的创造思维。创造思维是指一种独特的思考方式和思维习惯，它强调对问题和挑战的独立思考和创意解决方案的提出。创造思维与常规思维不同，它不拘泥于常规的思维模式和固有的认知框架，而是敢于挑战常规和尝试新的思维路径。与传统的逻辑思维相比，创造思维更注重对问题的重新定义和跳跃式思考。

　　创造思维具有一些鲜明的特性。其一，它强调独立思考和个性化的思维方式。创造思维鼓励个体从不同的角度和维度来审视问题，追求个人的独特见解和创新思维。其二，创造思维偏向于非线性思维，即跳跃性思维和联想思维。它不拘泥于线性的逻辑推理和因果关系，而是通过对事物之间的关联和隐含的联系进行探索和创新。其三，创造思维具有开放性和包容性。它接纳多样性和不完美性，注重尊重和倾听不同的声音和观点，从而为创新提供了更广阔的空间。

　　创造思维的培养对于培养创造性人才和提升创新能力具有重要意义。在教育实践中，我们可以通过创设开放型和自主型的学习环境，鼓励学生展开自主性的探究和研究，培养他们的独立思考能力和创造性解决问题的能力。同时，我们也可以通过激发学生的好奇心和兴趣，提供多样化的学习资源和情境，在启发式的教学过程中促进他们的联想思维和跳跃性思维。此外，培养创造思维还需要注重培养学生的批判性思维和反思能力，使他们能够对自己的思维进行深入的思考和评估。

（二）创造思维的重要性

创造思维是推动社会进步和发展的源泉。人类社会的进步往往依赖于创造性思维的引领和推动。无论是科学技术领域的创新发明，还是艺术文化领域的创作创新，都离不开创造思维的运用和发挥。正是通过创造思维，人们能够不断提出新的理论、发现新的问题、找到新的解决方案，进而推动社会的进步与发展。

创造思维是培养创新创造能力的关键。在日益增长的竞争压力下，培养学生的创新创造能力已成为高等教育的一项重要任务。而创造思维作为创新能力的起点和基石，发挥着决定性的作用。通过培养创造思维，可以激发学生的积极性和主动性，提高他们的问题发现和解决能力，培养他们的创新意识和创新思维模式。只有具备了创新创造能力，学生才能在未来的职业生涯中具备竞争力，适应快速变化的社会和工作环境。

创造思维是培养综合素质的有效途径。创造思维的培养过程中，学生不仅需要与他人进行合作、交流和协作，还需要开展自主学习、自主探究，这样的过程能够提高学生的综合素质，包括自主学习能力、团队合作能力、信息获取和处理能力等，为他们今后的个人发展奠定坚实的基础。

在高职教育中，创造思维的培养更具有现实的应用意义。高职教育的目标是培养具有实际操作能力和创新能力的应用型人才。创造思维的培养需要真实地模拟现实工作场景，让学生解决实际问题和开展实际项目，同时，学生的实际操作能力得到锻炼。通过创造思维的培养，高职学生能够更好地适应职场的要求，提高工作效率和成果质量，增加就业竞争力。

（三）创造思维的培养策略

1. 提供激发创造力的学习环境

创造思维的培养需要一个积极、开放、激发创造力的氛围，学校应该创造一个鼓励学生表达意见、发散思维的氛围，让学生感受到自由创造的乐趣。教室可以布置一些激发创造力的装饰品，例如色彩鲜明的画作、富有创意的悬挂物，以及放置一些鼓励创新的书籍和工具。

2. 引导学生运用多元思维

创造思维不局限于一种思维方式，而是需要开发和运用多元的思维模式。教师可以通过讲授不同的解题方法、引导学生进行思维角度的切换等方式，帮助学生培养多元思维。同时，鼓励学生多角度思考问题，通过多种途径寻找解决问题的方法。

3. 为创造思维提供实践机会

创造思维培养并非只停留在理论层面，更需要实践的锻炼。学校可以组织创意设计、创业比赛等活动，让学生亲身参与，发挥自己的创造潜能。同时，教师还可以设计一些开放性问题，让学生进行探究和创新，发展创造性思维。

4. 建立合作学习的机制

合作学习可以促进学生创造思维的发展，通过小组合作，学生可以共同思考问题、交流观点、互相启发，从而激发创造力。学校可以鼓励学生参与小组项目或团队活动，通过合作解决问题。

二、塑造创造性人格

（一）创造性人格的特质

高职的创造教育的核心目标就是塑造学生的创造性人格。创造性人格是指具备一定创造能力和创造潜力的个体所表现出的特质和行为方式。创造性人格不仅是个体创造性思维和行为的基础，还是个人高度发展的标志和重要指标。通过对创造性人格的深入研究，我们可以了解其特质及其对创造性思维的影响，从而为培养创新创造能力提供理论和实践的指导。

1. 开放性

创造性人格的开放性主要指个体对新事物、新观念以及新领域的接纳程度。具备开放性的人更加愿意接受不同的观点和见解，对于多样性持有积极态度。他们能够跳出传统思维框架，从不同的角度看待问题，并能够寻找到与众不同的解决方案。因此，开放性是创造性个体能够产生新的想法和创意的重要特质。

2. 充满自信心

自信心指个体对于自己的知识、能力和潜力的自我评价和肯定。创造性人格往往对自己的能力和判断持有坚定的信念，并且对自己的创造性能力充满自信。这种自信心使得个体敢于冒险尝试，不怕面对失败和挫折，愿意探索未知的领域和挑战自己的极限。自信心为个体充分释放自己的创新潜能提供了坚实的内心支持。

3. 保持好奇心

好奇心是创造性人格的重要特质，它驱使个体主动追求知识和新颖的体验，探索未知的领域。具备好奇心的人往往对周围的事物保持着强烈的兴趣和好奇心，他们不断提问、追问，寻求答案并希望改进旧有的知识和观念。这种对知识和经验的求索与创造性思维紧密相关，激发个体不断产生创新的动力。

4. 具备独立性

独立性指个体在思考和行动中具备自主性和独立性。创造性人格的个体通常具备独特的思维方式和观点，他们勇于表达自己的想法，不受他人观点的左右。独立性使得创造性个体能够独立思考、独立判断，并且敢于质疑权威、质疑常规。这种独立思考的能力使得他们能够寻找到不同于常人的思路和方法，从而产生独特和富有创意的解决方案。

创造性人格所具备的开放性、自信心、好奇心和独立性等重要特质，不仅是创造性思维和行为的基础，同时也是培养创新创造能力的关键。在教育和培养过程中，应注重培养和发展学生的创造性人格特质，并结合相应的教学策略和方法，激发学生的潜能。

（二）培养创造性人格的方法

1. 创造性思维的培养

创造性思维是培养创造性人格的关键。我们可以通过开展创造性思维训练，激发学生的创造潜能。例如，在课堂中可以引导学生进行头脑风暴，让他们自由发散思维，鼓励他们提出新颖的想法。此外，可以设置创造性问题，鼓励学生从不同的角度思考和解决问题，培养他们的创造性思维能力。

2. 培养学生的好奇心和探索欲

拥有好奇心和探索欲是创造性人格的重要特质之一。我们可以引导学生主动提出问题，并鼓励他们去探索和寻找答案。例如，在实验室或课外活动中，可以给学生提供一些开放性的问题，激发他们的好奇心，培养他们主动探索的能力。

3. 鼓励学生勇于尝试并敢于接受失败

创造性人格具备冒险精神和勇于接受失败的心态。为了培养这种精神，教师可以给学生提供一些挑战性的任务和项目，鼓励他们勇于尝试，克服困难。同时，教师还应该给予学生充分的声援和支持，在学生失败时积极引导他们从失败中吸取教训，勇敢面对挫折，并继续努力。

4. 创造性人格的培养也需要关注学生的情感和态度

教师可以通过创造积极的学习氛围、鼓励学生表达自己的想法等，帮助学生树立积极的学习态度。此外，教师还可以在教学中注重培养学生的自信心和自主性，让他们相信自己的能力，敢于表达自己的观点和创意。

（三）创造性人格与创造思维的关联

创造性人格与创造思维是紧密相关的，它们相互影响、相互促进，共同为创造能力的发展提供支持。

创造性人格对于创造思维的培养有着重要的影响。具有创造性人格的人通常具有开放的思维方式和包容的心态，容易接受新的观念和思想，能够从不同的角度思考问题。他们勇于挑战常规思维模式，对于问题解决具有创造性的观点和见解。这种开放的心态和思维方式对于培养创造思维至关重要。

创造思维也会促进创造性人格的形成。创造思维强调跨学科的思考、关联思考和批判性思考，能够激发个体的创造潜能。通过培养创造思维，个体可以更加主动地寻找问题的解决方法，并能够独立思考、独立判断，形成独特的见解和观点。这种独立思考和判断的能力对于培养创造性人格有很大影响。

总之，创造性人格和创造思维是相互促进、相互影响的。它们共同为个体的创造能力的发展提供了坚实的基础。通过培养创造性人格和创造思维，我们能够进一步激发学生的创新潜能，培养高职学生的创造力，适应社会对创新人才的需求。因此，高职教育应该注重培养学生的创造性人格和创造思维能力，通过创新的教学策略和学习方法来激发学生的创造潜能。教师可以通过设置开放性问题、组织团队合作、鼓励学生提出不同的观点，来培养学生的创造性思维。同时，学生也应该主动参与到创新实践中，积极探索和运用创造性思维来解决问题。

三、高职创造性教学策略

（一）高职创造性教学策略的制定

高职教育的创造教育的主要目标就是培养学生的创造思维和塑造学生的创造性人格。为了达成这些目标，制定适合高职教育的创造性教学策略显得尤为重要。高职创造性教学策略的制定应该重视以下几个方面。

首先，需要针对高职教育环境的特点进行分析和考虑。高职教育注重学生的实践能力培养，而实践是创造能力的重要基础。因此，在制定创造性教学策略时，需要充分考虑学生的实践参与和实践场景的设置。

其次，要注重培养学生的问题意识和解决问题的能力。创造性思维常常与解决问题密切相关。因此，在创造性教学策略的制定中，应该注重培养学生对问题的敏感性和洞察力。教师可以设计一些具有挑战性的问题情境，引导学生借助创造性思维来解决问题。此外，还可以通过让学生参与实践项目、开展创新性研究等方式，培养他们的问题意识和解决问题的能力。

再次，需要充分利用信息技术手段来支持创造性教学。随着信息技术的不断发展，教学平台和工具的多样化为教学提供了更多的可能性。通过运用信息技术手段，教师可以创造更加灵活多样的教学环境，并且可以提供更丰富的资源和工具来支持学生的创造性学习。例如，利用网络资源和在线教具，学生可以深入了解领域内的创新案例和前沿动态，并通过实践性任务来应用所学知识进行创新性探索。

最后，创造性教学策略的制定应该注重培养学生的团队合作能力和创新意识。在现实社会中，创造和创新往往是团队合作的结果。高职教育应该重视培养学生的团队协作精神和创新意识，在教学中注重学生的合作与交流。教师可以通过小组合作项目、创新实践活动等方式，激发学生的团队合作和创新潜能。

在制定高职创造性教学策略的过程中，我们需要综合考虑以上几个方面的因素，并结合高职教育的实际情况，因地制宜地进行策略的制定。只有在教学策略的制定中，充分发挥学生主体性和积极性，才能真正实现创造性思维和创造性人格的培养目标。

（二）高职创造性教学策略的实施

在高职教育环境中，实施创造性教学策略是培养学生创造思维和塑造创造性人格的重要途径。以下将介绍高职创造性教学策略的实施关键。

第一，教师应该充分准备和组织好教学材料。在选取教材的过程中，应注重选择既能传授知识又能激发学生创造力的内容，例如引入一些探索性、实践性的案例和实例。此外，教师还可以利用互联网等多样化的资源，让学生能够接触到各种相关信息和资料，以激发学生的创造力和想象力。

第二，为了激发学生的创造力，教师应该采用多样化的教学方法。例如，可以运用问题导向的教学方法，以鼓励学生主动思考和解决问题。教师可以提出一些刺激性的问题，让学生进行讨论和思考，并鼓励他们提出自己的想法和观点。

第三，教师应该给予学生足够的自主学习空间。创造性教学不仅仅是教师的教导，更应该是学生自主学习的过程。因此，教师应该引导学生发现问题、提出问题，并帮助他们制定解决问题的计划和方案。同时，教师要鼓励学生勇于尝试和创新，让他们有机会尝试自己的想法和方法。

第四，教师应该及时给予学生反馈和评价。在实施创造性教学策略的过程中，教师要注意观察学生的表现，并及时给予肯定和鼓励，让学生感受到自己的成长和进步。同时，教师也要指出学生的不足之处，并给予建设性的指导意见。这样能够帮助学生不断改善和完善自己的创造实践。

（三）高职创造性教学策略的效果评估

在实施高职创造性教学策略后，评估其效果是必不可少的一步。通过对教学策略的效果评估，可以了解到策略实施的成效，并为进一步的改进提供依据。我们应该从多个角度对高职创造性教学策略的效果进行评估。

首先，我们可以通过考察学生的创造思维水平是否得到提高来评估高职创造性教学策略的效果。在实施策略前后，可以采用教育测量工具，如创造性思维评估问卷、创造性问题解决测试等，来评估学生在创造性思维能力方面的变化。比较学生在策略实施前后的得分差异，可以初步判断策略的有效性和影响程度。

其次，教师对学生的评价也是评估教学策略效果的重要指标之一。教师可以通过观察和记录学生的表现，包括他们在课堂上的互动、问题解决能力的提升等，来评估策略的效果。此外，教师还可以采用学生反馈调查问卷等方式，了解学生对教学策略的感受。学生的反馈可以帮助教师了解他们对策略的接受程度，以及策略对学生学习的影响。

再次，教学策略的效果评估还可以通过学生的成绩变化来反映。通过比较学生在实施教学策略前后的成绩变化，可以初步评估策略对学生学习成绩的影响。然而，仅仅以成绩变化评估教学策略的效果是不全面的，因为创造性教学旨在培养学生的创新思维和创造能力，而不仅仅是追求成绩的提升。因此，需要综合其他指标进行评估，以更全面地了解策略的效果。

最后，还可以通过观察对教学策略的实施过程进行评估，比如观察策略实施的流程、教师与学生之间的互动情况等。这有助于发现实施策略的问题和不足之处，并在实施的过程中进行调整和改进。

第五章　中国传统文学与高职三创教育实践

第一节　中国传统文学

一、中国传统文学的概述

（一）中国传统文学的内涵

中国传统文学的源头可以追溯到早期的神话传说和古老的口头文学。起初，中国古代人民主要通过口头传承的方式来表达和记录他们的历史、宗教、哲学和艺术等方面的思想。这些口头文学经过多代人的口耳相传，逐渐发展形成了丰富多样的文学作品。

古代的诗歌在中国传统文学中占据着重要的地位。最早的中国诗歌可以追溯到上古时期的祭祀歌辞。随着社会的进一步发展，诗歌形式也逐渐丰富起来，发展出了古体诗、格律诗等多种诗体。这些诗歌作品以其优美的语言和深刻的内容，成为中国文化的瑰宝，对后世影响深远。

散文也是中国传统文学的重要组成部分。散文作为一种散发性的表达方式，不受固定的格律和韵律的限制，可以更好地表达作者的思想和情感。中国古代的散文多以记事、议论、描写、议论等形式存在，在文学史上占有重要的地位。

此外，中国传统文学中古代的戏剧也占一席之地。古代的戏剧以其生动活泼的表演形式，吸引了广大观众的关注。从最早的祭祀舞蹈到后来的宫廷舞蹈和民间戏剧，中国戏剧经历了漫长的发展过程，丰富了中国传统文学的艺术形式。京剧、评剧、豫剧等各种剧种都是中国戏曲的珍贵遗产，不仅体现了中国古代文学的特点，还为后世的文化交流与传播提供了宝贵的资源。

中国传统文学以其独特的艺术形式和深刻的内涵，丰富了中国文化，对后世产生了重要影响。通过深入研究中国传统文学的发展，可以更好地了解中国文化的精髓，传承和弘扬中华民族的优秀传统文化。

（二）中国传统文学的影响

中国传统文学承载了中华民族的智慧与情感，作为一种重要的文化遗产，深刻地影响着中国人民的思想和生活。通过历代文人墨客的努力与创作，中国传统文学逐渐形成了独特的艺术风格和思想体系，对中国社会产生了深远的影响。

首先，中国传统文学对中国人的价值观念和道德观念起到了重要的塑造作用。作品中所传达的道德观念，如忠诚、孝道、诚信、仁爱等，深深地影响着民众的日常生活。例如,《孟子》中的"仁者爱人"对中国人的行为准则就产生了深远的影响。

其次,中国传统文学对于中国人民的思想观念和情感体验有重要的引导作用。诗词歌赋等文学形式以其简洁优美的表达形式,抒发了作者内心的真实感受,并传达给读者。一些作品通过细腻的情感描写和深刻的思想理念,引导人们思考人生的意义、价值以及人与自然的关系。

再次,中国传统文学在教育也具有重要的应用价值。中国传统文学通过讲述历史故事、传承优秀文化等方式,传递着中国传统的价值观和智慧。学生通过阅读文学作品,能够领略到中国历史文化的博大精深,培养其对优秀传统文化的热爱和认同,增强文化自信心。

最后,中国传统文学对社会的审美价值产生了深远影响。文学作品以其独特的艺术形式、情感表达和思想深度,满足人们对美的追求和情感内涵的需求,提供了精神世界的寄托。这种审美价值的传承和发展,丰富了中国人民的文化生活,也为现代文学的创作提供了宝贵的借鉴基础和启示作用。

二、中国传统文学的功能

(一)提升道德修养

通过学习或鉴赏中国传统文学作品,人们不仅可以获得知识,还可以感知道德的重要性,并从中受到教育和启示。

首先,中国传统文学通过描写社会关系、人与人之间的亲情、友情和师徒之情等,强调了人们的道德责任和情感触动。品味相关的描写不仅使读者重新思考自己的道德标准,还能激发人们追求高尚品质和正直行为的动力。

其次,中国传统文学作为一种教育工具,通过描绘人物的成功和失败,体现了行为的对错和善恶的区别,使人们有机会思考自己的行为准则,唤起对于道德问题的深思熟虑。

此外,中国传统文学还通过赋予人物以高尚品质和卓越能力,激励读者追求更高的道德修养。比如《西游记》中的孙悟空勇敢、聪明、正直,他的形象激发了读者对于勇气、聪明和道义的追求。通过这样的激励,人们可以在现实生活中不断努力提升自己的品质,达到更高的境界。

总之,中国传统文学能引导人们形成正确的价值观和行为准则,因此,我们应该珍惜和传承中国传统文学,并不断从中汲取道德教育的力量,以提升个人修养和社会的整体素质。

(二)提高人文素养

人文素养是人类在社会发展过程中培养的一种综合能力,它涵盖了广泛的人文领域知识与价值观念。中国传统文学在教育过程中发挥着重要的作用，能够有效促进人文素养的提高。

中国传统文学通过其独特的艺术形式和丰富多样的表达手法，将丰富的人文情感和思想内涵传递给受众。在文学作品中，人们可以感受到作者对于人性的思考、对于社会现象的观察、对于人与人之间关系的描写。通过阅读和理解传统文学作品，人们能够加深对于人类情感、价值观念、思想境界等方面的理解，从而培养出积极向上的情感态度和深邃的思考能力。

中国传统文学以其深厚的历史传统和独特的审美价值，塑造了各种具有代表性的文学形象和文化符号。这些形象和符号代表了中国传统文化的核心价值观，如孝道、忠诚、信仰等。通过学习和欣赏这些文学形象和符号，人们能够增强对于传统文化的认同感和自豪感，进而提高人文素养的水平。

中国传统文学还强调人与自然的和谐共生。在古代文学作品中，人们可以看到对于自然景观、动植物的描绘和赞美。通过欣赏和理解这些描绘，人们能够增加对于大自然的敬畏之情和对于生态环境的保护意识。这些价值观的培养与人文素养息息相关，使人们在思考和行动中能够更好地与自然和谐相处。

（三）激发创新思维

传统文学作为一种文化遗产，积淀了丰富的智慧和思想，它不仅仅是历史的见证，更是对人类智慧的积累和传承。激发创新思维意味着通过传统文学的学习，让人们具备大胆探索、敢于创新的思考方式和能力。

中国传统文学通过丰富多样的题材和表现手法，培养人们的想象力和创造力。中国传统文学中存在着丰富的传说故事、神话传说等，它们通过奇特的情节和形象的描写，激发读者的想象力，让人们能够在阅读过程中产生独特的思考和联想。通过与传统文学作品的互动，人们能够培养独立思考和创造性思维的能力。

中国传统文学强调审美的体验和表达方式，这也为激发创新思维提供了重要的基础。传统文学中，作者通过精妙的描写和艺术手法，给人以美的享受和思考的空间。通过欣赏和解读传统文学作品，人们能够感受到作者的情感和思想，同时也能够从中获取到审美的启发。这种审美的体验和理解，能够激发人们对于美的追求和创新的渴望。

中国传统文学中也蕴含着深刻的人生智慧和哲理。通过阅读传统文学作品，人们可以学习到众多的人生哲理和价值观，这也是激发创新思维的源泉之一。在传统文学中，存在着对于生活、人性、社会等问题的深刻思考，这些思考既有着历史的厚重，又与当代的现实相呼应。通过阅读和研究传统文学作品，人们能够从中汲取到智慧的养分，从而拓展自己的思维和创新的能力。

（四）推动社会发展

在中国传统文学中，许多作品通过情节、人物塑造、艺术手法等手段，传递着积极向上的价值观和社会观念，对社会的发展起到了积极的推动作用。

首先，中国传统文学中展示的人民群众的智慧和创造力，激励人们追求进步和发展。在许多古代文学作品中，作者塑造了许多聪明、勇敢和富有创造力的人物形象，这些人物形象的行为和经历，向读者传达了积极向上的信息。这些作品让人们意识到，只有积极进取、勇于创新，才能推动社会不断向前发展。

其次，中国传统文学通过对社会问题的反映，引发人们对社会问题的关注和思考。许多古代文学作品描绘了一些历史上出现的社会问题及其导致的后果。这些作品能激发读者的反思，促使人们关注社会问题。

再次，中国传统文学通过传承和弘扬传统文化，形成社会共识，推动社会发展。中国传统文学中的许多经典作品，如《论语》等，已经成为社会共识的一部分。有些作品还通过描绘人物形象、展示社会风貌，传达了一种共同的价值观和文化认同，使得社会形成了一种相对稳定和和谐的共识，为社会的长远发展提供了坚实的基础。

最后，中国传统文学通过展示人与自然的和谐关系，引发人们对生态环境保护和可持续发展的思考。许多古代文学作品中，通过描绘大自然的壮丽和灵动，强调人与自然的和谐相处。这些作品让人们深刻体会到只有保护好生态环境，才能使得社会发展持续健康。

三、中国传统文学的价值

（一）体现美学理念

美学理念是中国传统文学中的核心，体现了中国古代文化对于艺术的独特理解和深刻思考。首先，中国传统文学注重以情感为核心的审美体验。作品中的情感流露和情感共鸣是传统文学的重要特征。通过细腻的描写和动人的叙述，文学作品能够唤起读者们的共鸣，引发共情的体验。

其次，中国传统文学强调对自然界的赞美和对人类存在的思考。传统文学通过对自然景色、季节变迁以及人与自然的关系的娓娓道来，表达对自然界的敬畏和赞美。

再次，中国传统文学强调审美意境的营造。文学作品中的情节、描写和语言都是为了唤起读者的意境体验。通过对细节的描绘和表达手法的运用，作者能够创造出独特的艺术境界，使读者沉浸其中。

最后，中国传统文学注重思想的表达与智慧的启迪。文学作品中蕴含了深刻的道德和哲学哲理，通过对人生、爱情、友谊等主题的思考与探索，传递给读者智慧的启迪。例如，《论语》中孔子的言论，以及宋词中对人情世故的描绘，都启迪着读者对于人性和人生的思考。

（二）展示文字的魅力

在中国传统文学中，通过精心构思和艺术处理，文字承载着深厚的意境和感情，给读者带来强烈的震撼或共鸣。

文字魅力的展示在于其独特的表达方式。传统文学中的文字饱含着丰富的意象和隐喻，通过运用各种修辞手法，如比喻、拟人等，使得作品更具生动感和艺术感。例如，"风雨如晦，鸡鸣不已"这样的描写，不仅仅是描述了天气，更是通过对自然景象的塑造来表达人物内心的孤寂和苦闷。通过这种独特的表达方式，文字在读者心中引发出丰富的联想和印象。

文字魅力的展示表现在其音韵之美。中国传统文学中，讲究韵律和节奏的运用。无论是诗歌还是词，都注重着音韵之美的追求。诗人通过巧妙的押韵和平仄的运用，使得作品有着优美的韵律感。例如，"青青子衿，悠悠我心"这样的句子，通过四个字的押韵和平仄的交替，既表达了人物内心的情感，又使整个句子旋律流畅、动听。这种音韵之美，使得文字如同音乐般，充满了诗意和韵律感。

文字魅力的展示还在于其富有情感的表达。传统文学作品往往通过对情感的描绘和烘托，将读者带入到作者所创造的意境之中。作家通过对细节的揣摩和情感的细腻刻画，使得作品中的文字能够直击读者的内心。

（三）传递文化内涵

中国传统文学作品不仅仅是一种艺术形式，更是一个独特的文化载体，承载了丰富多样的文化内涵。这些文化内涵体现了中国传统文学的独特魅力，通过作品中的人物形象、情节设置、象征手法等，将丰富的思想观念、价值观念和人生哲理融入其中。有些中国传统文学作品能够深刻地反映当时的社会状况、道德观念和人性的复杂，使读者在享受艺术的同时也能够受到思想的启迪。

中国传统文学作品中的文化内涵是多元而丰富的。不同的作品展现了不同时期和地域的特色，展现了不同的审美追求和思维方式。多元的文化内涵使得中国传统文学作品具有广泛的影响力和价值，不仅能够满足不同文化背景读者的审美需求，也为文化交流和文化研究提供了丰富的素材和参考。

中国传统文学作品中的文化内涵在不同的历史时期和代际之间传承延续，形成了独特的传统文化链条。这种传承性不仅仅体现在作品的创作和创作传统上，也体现在读者对作品的理解和对文化内涵的传承上。通过阅读和研究中国传统文学作品，读者能够了解并感受到中华民族的文化传统、思想观念和历史记忆。同时，读者也能够将这些传统文化内涵和价值观念传承下去，形成自己的文化认同和文化自信。这种传承性使得中国传统文学作品成为中华民族文化的重要组成部分，也是中华民族优秀传统文化的珍贵遗产。

综上所述，中国传统文学作品所传递的文化内涵丰富多元且具有传承性，它们承载了丰富的思想观念和价值观念，并通过作品中的人物形象、情节设置和象征意义等方式，让读者感受到中华民族的历史记忆和文化传统。这种文化内涵的传递不仅仅是审美享受，更是人们对于中华民族文化自信和认同的体现。因此，在研究和推广中国传统文学时，我们应该充分挖掘和传承其中所蕴含的文化内涵，让更多的人感受到其独特的魅力和价值。

第二节　中国传统文学在高职三创教育中的应用

一、中国传统文学在高职创新教育中的应用

（一）应用背景

中国传统文学作为我国悠久文化传统的重要组成部分，蕴含着丰富的智慧和价值观念。其丰富多样的作品和独特的表现形式，为高职创新教育提供了宝贵的教育资源。通过学习中国传统文学作品，学生可以感受到中华民族的深厚历史文化底蕴，培养他们对传统文化的热爱和传承责任感。

同时，中国传统文学中的经典作品往往蕴含着人生的智慧和道德准则，这对于高职创新教育中的品德教育具有重要的作用。

另外，中国传统文学还具有丰富的创造力和想象力，这也为高职创新教育提供了应用的空间。通过学习和欣赏中国传统文学作品，学生可以培养自己的审美情趣和创造思维，提高自己的艺术修养和审美素质。在高职创新教育中，培养学生的想象力也非常重要，这有助于他们将来在创新创业中更具竞争力。

综上所述，中国传统文学在高职创新教育中丰富了创新教育的资源，培养了学生的品德和文化素养，同时也为他们提供了创造和想象的空间。因此，在高职教育中充分应用中国传统文学，必将为培养具有实践能力和创新精神的高素质人才做出贡献。

（二）应用方法

在高职创新教育中，为了激发学生的创新思维和创造力，教师可以引入传统文学中的故事、诗歌、曲调等元素，通过讲解、演示和讨论等方式，激发学生对文学经典的兴趣和思考。这种方法既能传承优秀的传统文化，又能促进学生的创新意识和创造力的培养。

第一，教师可以选取一些与创新教育相关的传统文学作品，通过讲解和解读来引

导学生思考其中的意义和启示。在讨论过程中，学生可以自由发表自己的见解和观点，从而培养他们的创新思维能力。此外，通过对传统文学作品的分析和剖析，教师可以引导学生思考其中的情节设计、人物塑造等方面的创新之处，从而启发学生在创新设计中的灵感。

第二，教师可以运用传统文学中的诗歌和曲调来培养学生的审美情趣和音乐表达能力。例如，在创造教育中，教师可以选取一些优秀的古代诗歌，让学生通过朗诵、演唱等方式体味其中的美感，并引导他们自己创作诗歌。通过这种方式，学生不仅能感受到传统文学的魅力，同时也能培养他们的创作能力和表达能力。此外，教师还可以引入传统音乐和乐器，让学生学习演奏传统乐曲，从而培养他们的音乐才能和创造力。

第三，教师可以通过应用案例的方式，让学生了解一些和传统文学相关的创新实践，激发他们的学习兴趣和创新意识。例如，可以介绍一些融入传统文学元素的创意产品，学生可以了解到传统文学在现代创新中的应用和价值，同时也能激发他们自己的创新想法和实践动力。

综上所述，中国传统文学在高职创新教育中的应用方法多种多样，这些方法能够有效促进学生的创新意识和创造力的培养，使他们在面对现代社会的挑战时更具有创新精神和创造能力。因此，我们应该充分认识到传统文学在创新教育中的应用价值，并积极探索其在高职创新教育中的应用路径和策略。

（三）应用效果的评估

在高职教育中，评估中国传统文学的应用效果，可以客观地了解中国传统文学在高职创新教育中的实际应用效果，为后续的教学改进和发展提供依据。

应用效果评估可以通过学生的主动参与度和学习成果来衡量。在教学过程中，引入中国传统文学作为教材或教学辅助材料，可以激发学生的兴趣，增强他们对传统文化的了解和认同。通过观察学生的参与度和作业表现，可以初步评估中国传统文学在高职创新教育中的应用效果。

应用效果评估可以通过学生的创新能力和创新意识来反映。中国传统文学中蕴含着丰富的智慧和人生哲理，通过以案例或经典文学作品为背景，培养学生的思辨能力。通过观察学生的创造性表达和创新意识的培养情况，可以进一步评估中国传统文学在高职创业教育中的应用效果。

应用效果评估还可以通过学生的实践能力和实际应用情况来评判。高职教育强调实践能力的培养，通过学生的实际项目或创作作品，可以评估他们对中国传统文学的理解和运用情况。同时，结合实际校园和社会环境，评估中国传统文学在高职创造教育中的应用效果，是否能够满足学生及社会的实际需求。

二、中国传统文学在高职创业教育、创造教育中的应用

（一）应用背景

中国传统文学作为源远流长、博大精深的文化遗产，蕴含着丰富的人文思想和艺术价值。在高职创业教育、创造教育中，运用中国传统文学的智慧和内涵，可以有效激发学生的创新创业精神，培养学生的创造力和实践能力。

通过中国传统文学的阅读和研究，学生可以深入了解丰富多样的历史文化，领悟传统价值观念和人生智慧。例如，经典作品中经常出现的勤奋、诚信、忍耐等传统品质，可以引导学生树立正确的价值观念，培养他们具备持之以恒、刻苦耐劳的品质。

中国传统文学中的各种形式和题材可以为学生提供丰富的思维资源和创意启示。例如，古代的寓言故事和历史传记中蕴含着深刻的道德教育和人生智慧，可以引导学生积极面对挑战和困难。

中国传统文学中的人物形象和情节也可以作为学生创新创业的案例学习。例如，古代文人墨客的才情和坚持，可以启发学生勇于追求梦想和不断创新；古代商人的商业智慧和创业经验，可以为学生提供宝贵的实践指导和思考方向。

综上所述，中国传统文学在高职创业教育、创造教育中的应用背景十分广阔。借助中国传统文学的思想和精髓，可以培养学生的综合素质和创新创业能力，引领学生走向成功之路。因此，我们有必要在教育实践中充分发挥中国传统文学的引领作用，推动创业教育和创造教育的深入发展。

（二）应用方向

在高职创业教育和创造教育中，中国传统文学作为一种独特的教育资源，具有广泛的应用价值。为了有效地利用这一资源，我们可以对其应用的方向进行规划。下面将就几种常见的应用方向进行具体讨论。

第一，中国传统文学的语言艺术和修辞特点可以应用于高职创业教育和创造教育中。通过学习散文、诗歌、戏剧等形式的传统文学作品，学生可以感受到其优美的语言和独特的表现力。在商业创业和创造教育中，语言表达能力是非常重要的技能。因此，通过学习传统文学的修辞手法和表达技巧，学生能够提高自己的语言运用能力和创意表达能力，更好地应对商业谈判、策划方案以及创造性的工作。

第二，借助中国传统文学的艺术形象和情境，我们可以构建创业教育和创造教育的场景。通过模拟古代商贸场景、文人雅集等活动，学生能够亲身体验当时的商业文化和艺术氛围。这样的场景构建有利于学生融入不同创业和创造的环境中，培养他们的创业能力。

第三，在高职创业教育和创造教育中，我们可以利用中国传统文学中的寓言、故

事和象征形象进行教学。通过讲解寓言故事和分析象征意义，学生能够从中获得启示和思考。这样的教学方法有助于培养学生的逻辑思维、判断能力和策略思考能力。

（三）应用实践

1. 传统文学在高职创业教育中的应用实践

在高职创业教育中，传统文学可以为学生提供宝贵的创业经验和智慧。以创办企业为例，学生可以通过研读传统文学作品中成功人物的经验和困难，了解创业的艰辛和挑战。学生可以从中学习如何制定切实可行的商业计划、如何处理企业与个人的利益关系等。

2. 传统文学在高职创造教育中的应用实践

创造教育强调学生的创造能力和创新精神的培养，传统文学可以为学生提供丰富的创造灵感，可以通过分析传统文学作品中的人物形象、环境描写和情节变化，培养学生的观察力、联想力和创造力，进而在实践中创造出独特且有价值的作品。

第六章　中国传统艺术与高职三创教育实践

第一节　中国传统音乐艺术

一、中国传统音乐艺术的定义与种类

（一）中国传统音乐艺术的定义

中国传统音乐艺术是中国独特而丰富的艺术形式，它源远流长，是中国传统文化的重要内容。中国传统音乐艺术的定义可以从不同的角度出发进行探索。中国传统音乐艺术是中国古代人民对自然界、社会生活以及人与人之间情感、思想等方面进行表达的一种艺术方式。通过音乐的美妙旋律、丰富多样的音色以及深刻的情感表达，中国传统音乐艺术能够唤起人们内心深处的共鸣，传递美好与真理。

中国传统音乐艺术有着独特的审美特征和艺术表现手法。它通过运用乐器演奏、歌唱等方式来创造出独特而优美的音乐形象，形成了丰富的音乐类型。每一种传统音乐形式都有其独特的音律、音域、节奏以及表达方式，展现出中国音乐艺术的多样性和神秘感。

此外，中国传统音乐艺术在中国古代社会中也有着特定的社会功能和文化意义。在中国古代社会的各种场合中，音乐常被用作一种仪式性的表达。同时，它也是一种文化传承的手段，通过音乐的传承和演奏，传承了许多传统文化的价值观念、精神追求以及道德准则。

（二）中国传统音乐艺术的种类概述

中国传统音乐艺术经历了漫长的发展历程，形成了丰富多样的音乐种类。下面将对中国传统音乐艺术的几个主要种类进行概述。

1. 宫廷音乐

宫廷音乐是古代宫廷中所进行的音乐表演。宫廷音乐往往营造的是庄严肃穆的氛围，它以雅致的曲调和精妙的演奏技巧而闻名。在宫廷音乐中，常见的乐器有古筝、琵琶、笛子等，表演形式主要分为声乐和器乐两种。

2. 民间音乐

民间音乐是中国传统音乐中最广泛流传的一种形式。民间音乐丰富多样，每个地区都会有自己独特的民间音乐风格。民间音乐主要以歌唱和乐器演奏为主，常见的乐器有胡琴、板胡、二胡等。民间音乐通过富有感染力的旋律和歌词，表达了人们的情感和生活经历。

3. 戏剧音乐

戏剧音乐是中国传统音乐中非常重要的一种形式。戏剧音乐以戏剧表演为载体，戏剧通过音乐的伴奏和唱腔的演唱，将故事情节生动地展现在观众面前。戏剧音乐中的乐器多种多样，有锣鼓、弦乐、管乐等，它们共同构成了丰富多彩的戏剧音乐背景。

（三）各种类音乐艺术的特色

中国传统音乐艺术具有丰富多样的种类，每种音乐艺术有其独特的特色与风貌。这些不同种类的音乐艺术展现了中国传统音乐的多元性与深厚的历史底蕴。

在中国传统音乐中，礼乐是一种重要的音乐艺术形式。礼乐起源于古代礼制，其特色在于强调规范性、庄重肃穆和礼仪性。礼乐注重对仪式、礼节的秩序的表达，各种乐器的运用与协奏使得礼乐独具特色的声音效果。

民间音乐是中国传统音乐中另一重要的音乐艺术形式。民间音乐以各地的民间乐曲为主，这些乐曲多以传统的爱情、劳动、生活等为主题，贴近人民生活，富有朴实真挚的情感表达。其音调婉转动听，节奏轻快活泼。同时，民间音乐也受到地域特色和民族风情的影响，呈现出多样而丰富的形态。

戏剧音乐是中国传统音乐中极具代表性的一种音乐艺术形式。戏剧音乐是戏剧表演中的重要组成部分，通过歌唱与表演相结合来传达剧情与情感。不同戏剧的音乐表现方式也有所差异，如京剧的唱腔婉转高亢、崎岖激昂，越剧的音调柔和细腻，咏史念书的宣传唱腔具有史诗般的豪迈与宏伟等。戏剧音乐注重情感的表达与角色形象的刻画。

此外，古琴音乐在中国传统音乐中的一枝独秀，具有深厚的历史背景与独特的音韵特色。古琴是中国最古老的弹拨乐器之一，以其独特的音色和独奏性而著名。古琴音乐强调的是音响的变化与空间的表达，表达内心的宁静与无拘无束。

二、中国传统音乐艺术的特点

（一）旋律特点

中国传统音乐艺术以其独特的旋律特点在世界音乐艺术中独树一帜。在中国传统音乐中，旋律是其最重要的组成部分之一，它体现了中国音乐的独特性。

中国传统音乐的旋律呈现出独特的音程结构。与西方音乐的半音制度不同，中国音乐采用五声音阶，即它分为宫、商、角、徵、羽五个音阶层次。这种五声音阶的运用使得中国传统音乐具有独特的声韵美和韵律感。

中国传统音乐的旋律具有律动的变化与穿插。传统音乐在旋律的塑造上注重音调的变化与衔接，通过变化的节奏和音阶的跳跃，使得旋律更富有张力和层次感，使得音乐更具生命力，给人以美的享受。

在中国传统音乐中，旋律还经常运用模式的思维。中国传统音乐会采用许多传统的模式和曲调，如宫调、商调、角调等。这些模式不仅给予了音乐结构和规范，也为演奏者和作曲者提供了丰富的创作元素和表达方式。

（二）音色特点

音色是指音乐中所使用的声音质地或音色品质，它涉及到音乐乐器的选择、演奏技巧和音乐作品的风格等方面。在中国传统音乐中，音色的变化非常丰富多样，体现了中国文化的深厚底蕴和独特风格。

中国传统音乐注重各种乐器的组合和搭配，以达到丰富多样的音色效果。在传统音乐演奏中，常常使用多种乐器进行集体合奏，如笛子、琴类、弦乐器、打击乐器等，这些乐器之间相互呼应、协调配合，使得音色更加丰富、音乐层次更加丰富。

中国传统音乐追求自然、纯净的音色表达。通过使用不同的演奏技巧和发声方法，音乐家们追求着一种纯净、真实、具有表现力的音色。例如，在弦乐演奏中，演奏者通过不同的指法和弓法使得琴弦发出丰富多样的音色，如明亮、柔和、悲伤等，以表达不同的情感和意境。

中国传统音乐的音色还体现了地域性和民族特色。中国幅员辽阔，各个地区都有独特的音乐风格和声音特点。比如，在西南地区，传统音乐中常常使用锣鼓、唢呐等乐器，因而其音色更加自由豪放；而在东南地区，传统音乐则多以弦乐为主，音色则更为柔和细腻。这种地域性的音色特点使得中国传统音乐具有多元的民族特色和地域特色。

（三）节奏和节拍特点

与西方音乐相比，中国传统音乐注重的并不是严格的拍子和节奏，而更多地强调自由、灵活和富有变化的节奏感。

中国传统音乐的节奏常常是随性而变的。不同乐器、不同曲调、不同演奏风格都可能影响音乐中的节奏感。这种随性的节奏赋予了音乐以独特的韵律感，为听众带来更多的惊喜和愉悦。

中国传统音乐注重的是节奏的变化和转换。中国传统音乐中的节拍不是一成不变的，而是经常在不同的部分间转换。这种变化可以是渐进式的，也可以是突然的。通过节奏的转换，音乐带给听众一种层次丰富的感觉，增加了音乐的表现力和艺术魅力。

中国传统音乐还注重节拍的不规律性。在一些曲调中，音乐家常常会故意打破常规，不按照传统的拍子来演奏。这种不规律的节拍为音乐增添了一种神秘和浮动的感觉，使得音乐更加富有魅力和个性。

在中国传统音乐中，节奏和节拍的特点体现了中国人自然、随性的审美观。通过不规则的节奏和变化的节拍，音乐能创造一种独特的艺术氛围，引发听众的共鸣和情感的共鸣。这种音乐特点也与中国古代文化中的哲学观念和审美观念相呼应，体现了中国传统音乐深厚的历史背景和独特的艺术魅力。

三、中国传统音乐艺术在当代社会中的应用

（一）社会活动中的应用

在当代社会中，中国传统音乐艺术得到了广泛的应用和发展。它不仅在各种社会活动中发挥着重要的角色，而且在文化交流、艺术表演、庆典仪式等方面都具有独特的价值。

其一，中国传统音乐艺术在各类文化交流活动中发挥着重要作用。随着全球化的深入发展，不同民族和文化之间的交流成为一种趋势。中国传统音乐艺术作为中国文化的重要组成部分，通过音乐会、音乐节、文化展览等形式，中国传统音乐文化被传播给世界各地的观众。它以其独特的音乐语言和表现形式，向世界展示了中国人民的情感和思想，深受国际社会的欢迎和赞赏。

其二，中国传统音乐艺术在各种艺术表演中被应用。无论是戏剧演出、舞蹈表演还是民间艺术展示，中国传统音乐艺术不仅为各类艺术表演提供音乐伴奏，还能够通过音乐的表现形式，让观众更好地理解和感受艺术作品所要传达的内涵。在戏剧演出中，中国传统音乐艺术的音乐旋律和节奏与表演者的动作和表情相互呼应，共同塑造出独特的艺术氛围，给观众带来沉浸式的艺术体验。

其三，在庆典仪式等重要场合中，中国传统音乐艺术也扮演着重要的角色。庆典仪式是民族文化的组成部分之一，它不仅体现了传统习俗和价值观，更是群众共同欢庆和展示的场合。中国传统音乐艺术通过其独特的表现形式和音乐元素，能够为庆典仪式增添喜庆和祥和的氛围。在婚礼、节日庆典等中，中国传统音乐艺术都以其独特的韵律和音乐表达方式，赋予了庆典仪式独特的艺术感和文化内涵。

（二）教育领域的应用

随着社会的发展和人们对文化传承的重视，越来越多的学校和教育机构开始引入中国传统音乐艺术教育，以丰富学生的艺术修养和文化素养。

中国传统音乐艺术教育在学校音乐课程中得到了广泛的应用。在音乐课堂上，教师通过介绍中国传统音乐的基本概念、演奏技巧和曲目欣赏，激发学生对音乐的兴趣。

通过学习古琴、古筝、二胡等传统乐器，学生们能够感受到中国传统音乐的独特韵味，同时也能够培养他们的音乐表达能力和审美情趣。

中国传统音乐艺术教育在艺术学校和音乐学院中得到了深入发展。这些专业艺术院校注重培养学生的传统音乐表演和创作能力，通过系统的课程设置和丰富的实践活动，使学生能够更加全面地了解和掌握中国传统音乐的精髓。同时，这些学校也重视学生对传统音乐的研究和创新，促进了传统音乐在当代的传承与创新。

中国传统音乐艺术教育也在社区和民间艺术团体中得到了广泛的推广和应用。社区音乐培训班、传统音乐学习小组等形式的教育机构为广大民众提供了学习中国传统音乐的机会。在这些地方，传统音乐教育不仅培养了学生的音乐技能，更重要的是将传统音乐文化融入到社区生活中，成为丰富群众文化生活、推动社区文化建设的重要力量。

值得注意的是，在现代教育领域中，数字媒体与网络环境的快速发展也为中国传统音乐艺术教育带来了新的机遇。通过在线音乐教育平台和网络课程，学生们可以随时随地学习中国传统音乐，拓宽了传统音乐教育的边界，同时也促进了传统音乐文化的传播和弘扬。

第二节　中国传统绘画艺术

一、中国传统绘画的概述

（一）中国传统绘画的历史起源与发展

中国传统绘画作为中国文化的重要组成部分，有着悠久的历史。自古以来，中国人就通过绘画表达情感、绘制景物、记录历史，并将其作为一种重要的艺术形式进行传承和发展。

中国传统绘画的历史起源可以追溯到远古时期，最早的绘画作品可以追溯到新石器时代的彩陶纹饰和岩画。然而，真正的中国传统绘画的起源被认为是在先秦时期，当时的绘画作品主要出现在青铜器上。这些绘画作品以纹样为主，体现了当时社会的风貌和民俗。

随着历史的发展，中国传统绘画逐渐形成了独特的艺术风格和技巧。在汉代，绘画技法得到了进一步的发展和提高，绘画作品开始有了更加精细和立体的表现形式。魏晋时期，绘画表现技巧更加注重意境的营造和笔墨的运用，并形成了以意境为核心的绘画风格。

在中国传统绘画中，是通过画面所表现的意境来传递情感和思想的。相比于西方绘画注重形态的表现，中国传统绘画更注重意境的创造。绘画作品通过运用不同的线条、色彩和构图技巧，创造出独特的空灵、含蓄和超脱的美感。

（二）核心理念

中国传统绘画的核心理念是质朴与写意的融合。这一理念源于中国古代文人的精神追求和审美观念。质朴是指追求画作的简朴、自然之美，注重形象的真实表现。写意则是指强调意境、情感的抒发，注重意象的传递和艺术的表现。中国传统绘画通过质朴与写意的融合，达到了形象与意境、写实与抽象的统一。

1. 质朴

质朴的绘画追求真实，具有丰富的细节描绘和写实的形象。中国古代文人画家注重用画笔表现自然界万物的形象，通过精细的线条和细致的笔触，传达事物的真实感和立体感。

2. 写意

写意强调艺术家的情感和意境的表达，注重意象的传递和艺术的表现。画家追求超越现实的表现形式，通过墨色、笔法等手法创造出独特的意境和情感氛围。他们注重通过观察和描摹自然界的景物来表现自己对世界的感悟和理解，使观者能够感受到画作中所描绘的事物的象征意义。他们通过表现事物的精神内蕴、情感和意义等，向观者传达自己的心境和情感体验，引发观者的共鸣和思考。

在中国传统绘画中，质朴和写意相互交融、相辅相成。质朴保持了对现实世界的准确描绘，写意则赋予了绘画以情感和内涵。画家通过细致入微地观察自然界，通过笔墨的处理和构图的安排，将内心的情感和对外界的理解融入到绘画中，从而使作品具有独特的艺术魅力。

（三）中国传统绘画的主要画科

中国传统绘画拥有丰富多样的流派，每个流派都有其独特的艺术风格和特点。在中国传统绘画的发展过程中，一些主要的画科逐渐形成，其中包括了山水画、花鸟画、人物画等。

1. 山水画

山水画通过描绘自然山水的美景，表达了人们对大自然的赞美和敬仰之情。山水画强调自然景色的表现，具有独特的构图和笔墨技法。通过运用传统的水墨技巧，画家能够将山水的气韵和意境传达给观者，引发心灵上的共鸣。

2. 花鸟画

花鸟画以描绘花卉和鸟类为主题，通过细腻的线条和色彩表达出自然界中美丽生物的形态和神韵。在花鸟画中，画家注重捕捉生物的神态和气质，通过细致入微的技法来展现它们的美丽和生命力。

3. 人物画

人物画主要描绘人物形象，通过笔墨运用和刻画，展现出人物的面貌、性格、情感等方面的特点。人物画注重形神兼备，力求准确地刻画人物的一举一动、一言一笑，传达出他们的内心世界和情感变化。

这些主要画科代表着中国传统绘画的不同方面和风格，每个都有其独特之处并对后世的艺术产生了深远的影响。值得一提的是，随着现代艺术的发展，中国传统绘画的技巧和表现形式也在不断创新和拓展，传统与现代的结合为艺术家的创作增添了更多的表达可能性。

二、中国传统绘画的技巧

（一）构图技巧

构图是中国传统绘画中不可或缺的重要技巧，它直接影响着一幅画作的整体效果。在中国传统绘画中，构图技巧是以意境为核心，通过合理的布局和安排画面元素来表达画家的情感和意欲。

首先，一个好的构图必须注重整体平衡。画家在设计画面时，需要考虑到各个元素之间的相对位置和大小，以及它们之间的关系。平衡的构图可以让画面呈现出和谐的美感，令观者感到舒适和愉悦。在构图时，画家常常运用对称、平衡、重复等手法来实现整体平衡的效果。

其次，选择一个适当的视角也是构图的重要部分。不同的视角会给画面带来不同的视觉效果和情感表达。画家可以选择远景、中景、近景等不同视角来突出画面的主体和主题，同时给观者带来不同的观察体验。

再次，中国传统绘画中注重寓意和象征，构图技巧也常常与意象传达密切相关。画家通过选取特定的图形、物象来传达特定的意境和情感。例如，将松树作为画面中的主要元素，表达着坚韧不拔的君子品质；将山水融入构图中，强调自然之美及人与自然的和谐共生。

最后，绘画中的对比与协调也是构图技巧的一项重要内容。对比可以通过明暗对比、色彩对比、线条对比等方式来实现，使画面更具层次和变化。而协调则是指各种元素之间的和谐统一，使整个画面呈现出一种流畅、和谐的视觉感受。

（二）笔墨技巧

笔墨是中国传统绘画的基本工具，也是表现艺术意境的关键因素。在笔墨技巧的运用中，画家通过对笔触、墨色、纸张等细节的处理，展现出独特的表现力和艺术魅力。

笔触是笔墨技巧中的关键要素之一。中国传统绘画注重笔触的灵动与变化。画家通过掌握不同的笔法，如骨法、丝法、点法、撞法等，展现出不同的笔墨效果。通过改变笔触的粗细、轻重、虚实等，画家能够表现出不同的形态与意境。笔触的运用不仅要有技巧，更需要有独特的创意和艺术感受力。

墨色的处理对于笔墨技巧的表现起着至关重要的作用。墨色是指墨水的浓淡、干湿、渗透等特征。画家需要精准地掌握墨色的运用，通过水墨的流淌与渗透，表现出画面的质感与层次感。在画作中，墨色的运用既要有集中与分散的变化，又要有骨气与柔和的对比，以展示出传统绘画的独特韵味。

另外，纸张作为传统绘画中的重要材料，也在笔墨技巧中起到重要的作用。不同的纸张质地与纹理会对墨色的渗透与展现产生不同的影响。画家需要根据画作的需求选择适合的纸张，既要满足墨迹的流畅性，又要展现出纸张独特的纹理与质感。通过对纸张的巧妙运用，能够给画作带来更多的表现力与艺术魅力。

（三）色彩技巧

色彩在中国传统绘画中具有重要的地位，它不仅仅是美的表现，更是传达情感和表达主题的重要手段。在中国传统绘画中，色彩技巧丰富多彩，以其独特的表现方式赋予作品独特的魅力。

在中国传统绘画中，色彩的运用是有一定规律和原则的。传统绘画注重色彩的协调与统一，色彩在构图中的安排要符合美学原则，注重明暗对比、色彩层次的划分，使画面呈现出和谐的韵律。

在中国传统绘画中，色彩的运用与意境的表达密不可分。传统绘画讲究以形写神，通过色彩的表现来传达画家的思想、情感和艺术理念。在描绘自然风景时，用色考究自然的真实，追求色彩的鲜明、明亮、活力，以表现大自然的美丽与壮丽。而在描绘人物时，则强调情感的表现，通过色彩的渲染、层次的处理，使人物形象更加生动、饱满，进一步表达人物内在的情感和个性。

此外，在中国传统绘画中，色彩技巧的运用还体现在画法的特殊处理上。传统绘画往往重视线条的运用和墨色的表现，而色彩的运用则更多地体现在点染、面色和渲染的细腻处理上。通过微妙的色彩过渡和层次感的表达，能使画面更具有变化与层次感，增加画作的审美价植。

在现代教育中，中国传统绘画的色彩技巧得到了广泛的应用。通过教授学生传统绘画的色彩技巧，学生能够更好地理解色彩的表现方式，发现自身艺术创造的潜力，培养审美情趣和艺术鉴赏能力。色彩技巧的运用也为学生提供了更多的创作方式和表达手段，使他们能够更好地表达自己的感受与思想。

三、中国传统绘画艺术对个人发展和现代教育的价值

（一）传统绘画艺术对学生创新能力的培养

传统绘画艺术作为一种珍贵的艺术形式，具有培养学生创新能力的独特魅力。通过学习和实践传统绘画，学生可以培养自己的创造力、想象力和审美能力，从而提高其艺术表达能力。

传统绘画要求学生注重细致观察，培养感知能力。在传统绘画中，学生需要仔细观察和描绘自然界中的事物，如花鸟、山水等，这要求他们对形态、色彩、质感等细节有深入理解和表达的能力。通过反复观察和感知，能够培养出学生对细节的敏感性，从而提高他们在日常生活中的观察力。

促进学生创新思维的养成。尽管传统绘画有一定的规范和技法，但学生在学习过程中仍要通过发挥创新思维来进行创作。他们可以运用自己的想象力和创造力，将传统画法与现代元素相结合，创造出独特的作品。

进一步地，传统绘画艺术的教学鼓励学生进行艺术表达，激发他们的创新能力。在传统绘画创作中，学生可以通过自己独特的视角和表达方式，表达自己对生活、文化和社会的理解和感受。这种自由的艺术表达能够激发学生的创造力和表达欲，提高他们对自己思想和情感的认知和理解，从而培养他们成为有创造力和独立思考能力的个体。

（二）传统绘画艺术在现代教育中的价值

传统绘画艺术能够帮助学生培养审美情趣和审美能力。通过学习传统绘画，学生可以欣赏和理解古代艺术作品，感受传统文化的魅力。这种感受不仅能够丰富学生的内心世界，还能够培养他们的审美情趣和欣赏能力，使其对美有更加敏锐的感知。

传统绘画艺术对学生的创新能力发展有着积极的影响。传统绘画要求学生在创作过程中考虑构图、配色、绘画技法等诸多因素，这需要学生在创作中进行自主思考和创新。通过传统绘画的学习，学生能够培养出独立思考和创造性思维的能力，进而促进他们在其他学科和领域中的创新能力的提高。

传统绘画艺术还可以帮助学生培养坚韧和耐心的品质。绘画是一个需要持续投入精力和时间的过程，学生在创作过程中需要克服各种困难和挑战。通过坚持不懈地绘画，学生能够培养出耐心和毅力，学会面对困难并持之以恒地解决问题。

传统绘画艺术在现代教育中还具有传承和弘扬优秀传统文化的价值。传统绘画作为中国文化的瑰宝之一，承载着丰富的历史和文化内涵。通过传统绘画的学习，学生能够了解和理解中国传统文化的精髓和意义，进而在传承和弘扬优秀传统文化的过程中发挥作用。

第三节　中国传统艺术在高职三创教育中的应用

一、中国传统艺术文化在高职三创教育的应用内容、效用和途径

（一）中国传统艺术文化在高职三创教育中的应用内容

在高职三创教育中，中国传统艺术文化的应用内容是非常丰富多样的。

一方面，传统艺术创作技能是应用于三创教育的重要内容之一。传统艺术作为一种独特的文化遗产，拥有许多独特的技艺和技能。通过传授这些传统艺术技能，激发他们对传统文化的兴趣和热爱，可以培养学生们的动手能力和创造力。

另一方面，传统艺术蕴含的文化内涵也是高职三创教育引用的重要内容之一。传统艺术不仅仅是一种技艺，更是对中国传统文化和价值观的表达和传承。在教育过程中，可以通过讲解和解读传统艺术作品，让学生了解中国传统文化的精神内涵，引导他们在传统文化中寻找创新角度和创造灵感。

（二）中国传统艺术文化应用于高职三创教育中的效用

中国传统艺术文化作为一种独特而丰富的文化遗产，正逐渐在高职三创教育中得到广泛的应用。通过对中国传统艺术文化的学习和实践，学生能够深入了解传统艺术的内涵和精髓，进而在创新创业中发扬其鲜明特色。

中国传统艺术文化的应用能够提升学生的审美素养和创造力。在高职三创教育中，学生常常需要进行创意设计和艺术表达，对美的追求和感悟能够提升其创造力的发挥。通过学习中国传统艺术的经典之处，学生可以培养对美的敏感性和艺术的理解力，从而创造出更具有创新性和艺术性的作品。

中国传统艺术文化的应用能够培养学生的团队协作和沟通能力。高职三创教育强调学生的团队合作和项目管理能力的培养，而这正是中国传统艺术所擅长的领域。在传统艺术中，往往需要通过多人的协同努力才能完成一幅画作或一出戏剧，这要求学生们学会在团队中相互协作、分工合作，提高了他们的团队协作能力。

此外，中国传统艺术文化的应用还能够提升学生的文化自信和社会责任感。在高职三创教育中，培养学生的社会责任感和文化自信是非常重要的一环。传统艺术作为中国的独特文化符号，学生通过学习和应用传统艺术文化，能够更好地认识、理解和

传承自己民族的文化。这种文化自信的培养能够激发学生们在创新创业创造中去关心和参与社会问题的解决，承担起社会责任，为社会的发展做出贡献。

（三）中国传统艺术文化在高职三创教育中的实际应用途径

在高职三创教育中，中国传统艺术文化得到了广泛的应用。以下通过具体实际应用案例的分析，来探讨中国传统艺术文化在高职三创教育中的应用途径。

一方面，通过开设传统艺术课程，可以培养学生的审美能力和文化自信心。在某高职院校的三创教育中，引入传统绘画课程。学生们学习了中国传统绘画的基本技法和艺术理论，同时也了解了中国传统绘画的发展历程和文化内涵。在课程中，学生们可以通过模仿经典作品，不断锤炼自己的绘画技巧，并逐渐形成了自己独特的艺术风格。通过这门课程的学习，学生们不仅培养了对传统艺术的热爱和理解，还能够将所学的艺术技巧应用到自己的创作中，展示出自己的创造力。

另一方面，通过组织传统工艺品设计与制作活动，可以培养学生的实践能力和创新思维。例如，某高职院校组织学生们参与了一项传统陶艺设计与制作活动。在活动中，学生们深入了解了中国传统陶艺的历史和技术，并通过实际操作掌握了陶艺制作的流程和技巧。他们不仅学会了传统陶艺的制作方法，还尝试在传统工艺上进行创新，设计出了具有现代风格的陶艺作品。通过这个实践活动，学生们不仅提升了自己的手工技能，还培养了对传统工艺的思考和创新能力。

二、中国传统艺术引领高职三创教育的优化策略

（一）创新教育模式，深入融入中国传统艺术文化

为了在高职三创教育中充分发挥中国传统艺术的潜力，创新的教育模式应该被引入并与传统艺术文化深入融合。这一策略的核心思想是将传统艺术作为教育的载体，通过丰富多样的教学方法和活动，激发学生的创造力和创新精神。

第一，为了实现创新教育模式和中国传统艺术的融合，教学内容应该广泛引入中国传统艺术。传统戏曲、书画、音乐、舞蹈等多种形式的艺术应该被引入到教学计划中，学生可以通过学习和实践这些艺术形式，深入了解中国传统文化的内涵和精髓。

第二，在创新教育模式中，学生应该被鼓励积极参与到中国传统艺术的实践中。例如，可以组织学生参与到传统戏曲演出中，学习表演技巧和舞台设计，体验传统艺术的魅力。同时，学生还可以通过参观博物馆、艺术展览等方式接触到更多形式的传统艺术，让他们在传统艺术中吸取创新力量，寻找创新灵感。

第三，创新教育模式中还应该注重培养学生的创新思维和实践能力。传统艺术蕴含着丰富的文化内涵和创作技巧，通过学习和研究传统艺术，学生可以培养出独立思

考和创新能力。同时，学生还应该被鼓励在实践中运用传统艺术的元素和技巧，创作出具有个人特色和创新性的作品。

第四，为了实现创新教育模式的深入融合，教师团队和教育机构应该加强对传统艺术的研究和应用。教师们应该具有扎实的艺术功底和教育理论，能够将传统艺术的精髓和教育目标有效地结合起来，设计出富有创造性和启发性的教学方案。

（二）构建中国传统艺术与高职三创教育的交互平台

在中国传统艺术与高职三创教育的交互中，构建一个有效的平台至关重要。这个平台的目标是促进两者之间的融合和互补，从而实现双方的优势互补和协同发展。

1. 明确目标与定位

我们需要明确中国传统艺术和高职三创教育所希望达到的目标，并将其纳入平台建设的范畴。例如，我们可以确定交互平台的目标是推广和传承中国传统艺术，同时为高职三创教育提供机会和资源，以培养学生的创新能力和创业精神。

2. 建立良好的互动机制

这包括建立和完善学校与传统艺术机构之间的合作关系，以及学生与传统艺术师傅之间的沟通和交流机制。通过这种机制，学生可以深入了解传统艺术的技巧与精髓，并将其运用到创新中，而传统艺术师傅也可以从学生身上获取新的创意和思维方式。

3. 资源整合与共享

高职学校可以提供创新教育所需的场地、设备和人力资源，而传统艺术机构则可以提供丰富的传统艺术资源和专业知识。通过资源整合和共享，我们可以为学生提供更全面、丰富的教育体验，同时也能够更好地保护和传承中国传统艺术。

4. 创新与实践的结合

我们可以组织一系列的创新实践活动，例如传统艺术工作坊实践项目、创业讲座和比赛等，来促进学生的创新思维和实践能力的培养。通过这样的实践活动，学生可以将所学的知识与技能应用到实际项目中，并从中获得宝贵的经验和反思。

（三）建立完善的中国传统艺术引领的高职三创教育评价体系

为了更好地促进中国传统艺术与高职三创教育的深入融合与发展，建立一个完善的评价体系显得至关重要。完善的评价体系能够为教育者和学生提供明确的指导和反馈，有助于促进学生的学习和发展。

1. 评价体系应注重个性和创新

高职三创教育的目标在于培养学生的创新能力和创业精神，传统的评价体系往往偏重于对学生知识记忆和机械技能的评估。我们应该通过评价学生的独特创意、个人风格以及创新思维的发展，来推动中国传统艺术在高职三创教育中的应用。

2. 及时反馈，促进提升

评价不仅仅是对学生的一种量化的判定，更应该是一种指导和帮助。建立一个良好的反馈机制，为学生提供具体的改进意见和建议，帮助他们发现优点，发现不足，并在不断的实践中进步。

3. 考虑社会认可度和就业竞争力

高职三创教育的目标之一是培养学生的就业竞争力。因此，在评价体系中应该考虑将学生的作品和创作能力与实际社会需要相结合，提高学生的就业竞争力。

参考文献

［1］伍锦群，朱燕，禹云. 高职学生创新创业教育研究［M］. 沈阳：辽海出版社，2020.

［2］吴延芝. 中国传统文化中的教育价值研究［M］. 北京：中国水利水电出版社，2022.

［3］陈卫东，蔡冰. 高职创新创业教育教程［M］. 成都：电子科技大学出版社，2020.

［4］张亮，薛茂云. 中华优秀传统文化［M］. 北京：人民邮电出版社，2022.

［5］赵文静，卢凤菊，丁大尉. 传统文化融入高校思想教育的课程设计［M］. 北京：科学出版社，2021.

［6］张勇. 中国传统文化的现代诠释［M］. 芜湖：安徽师范大学出版社，2022.

［7］罗星海. 高职创新创业教育五育体系研究与实践［M］. 武汉：武汉大学出版社，2021.

［8］王静，王碧君，朱玉洁，王霞晖，王贺玲. 传统文化概论［M］. 北京：清华大学出版社，2022.

［9］丁振国，陆莹，郑建佳. 高职创意创新创业教育及案例分析［M］. 大连：大连海事大学出版社，2020.

［10］伍韬. 当代传统文化与素质教育研究［M］. 北京：北京工业大学出版社，2023.

［11］于澍，周葛龙，邵超. 高职学生创新创业教育基础［M］. 成都：西南交通大学出版社，2021.

［12］李文军，李彦青. 传统文化教育现代课程方法［M］. 济南：山东大学出版社，2021.

［13］李亚美. 互联网时代下高职院校德育和创新创业教育研究［M］. 北京：中国商务出版社，2021.

［14］林国标. 中国传统文化的转化创新研究［M］. 北京：中国社会科学出版社，2022.

［15］盖庆武，余闯，林海春. 高职创新创业教育二十年探索与实践［M］. 长春：吉林大学出版社，2022.